新时代建筑业转型的思考

李里丁 著

中国建筑工业出版社

图书在版编目（CIP）数据

新时代建筑业转型的思考/李里丁著. —北京：中国建筑工业出版社，2019.12

ISBN 978-7-112-24763-9

Ⅰ.①新… Ⅱ.①李… Ⅲ.①建筑业-经济发展-研究-中国 Ⅳ.①F426.9

中国版本图书馆CIP数据核字（2020）第022371号

责任编辑：李春敏　曾　威
责任校对：芦欣甜

新时代建筑业转型的思考

李里丁　著

*

中国建筑工业出版社出版、发行（北京海淀三里河路9号）
各地新华书店、建筑书店经销
北京红光制版公司制版
北京建筑工业印刷厂印刷

*

开本：787×1092毫米　1/16　印张：17½　字数：217千字
2020年1月第一版　　2020年1月第一次印刷
定价：**55.00**元
ISBN 978-7-112-24763-9
（34995）

前　　言

历史进入到了新时代，随着中国特色社会主义的发展和改革开放的逐渐深入，建筑业也在不断创新和裂变。

如果说在改革开放四十年的历程中，建筑业有三十年都是在迅猛、高速地发展，那近十年间，则是进入了平稳发展时期，也就是说与国家经济进入新常态保持了同步发展。人们习惯地将这一时期称为转型期。

转型期的建筑业，在市场上呈现的是对绿色施工的节能、减排、环保要求；在生产力上表现的是对建筑产业现代化的要求；在企业管理上表现的是对集约化和信息化的要求；在社会行为上表现的是对行业诚信与服务品质的要求；在产业队伍上表现的是对工匠精神和专业素养的要求。不管是国有独资企业，还是民营企业或是混合所有制企业，许多企业都是通过转型升级变身为现代化的工程建设服务商，更多企业转变为能力较强的专业承包公司，固守传统体制和落后经营模式的企业，正在逐步退出建筑市场。这是建筑业大分化、大洗牌的时代，也是一个大变革、大创新的时代。

我从事建筑业四十余年，从普通的建筑工人到省属大型企业集团的总经理，在建筑行业经业悟道，亲历和见证了建筑业砥砺奋进的艰辛与辉煌，我对这个行业有着很深的感情。从领导岗位上退下来后，我根据自己的经历和观察，撰写了《大型国有建筑企业改革与发展研究》一书，本来只是想为自己、为企业留下一份历史的记忆和参考资料，不料，出版后还得到了业界的欢迎与好评。

退休后，不再有那么多的会议与应酬，也没有了往日的事务缠身，可以静下心来读书学习，可以做更深入的调研思考。再加上我还在中国建筑业协会任副会长，后来又被陕西省政府聘为参事，被中建协委任了文化分会的会长，被陕西土木建筑学会选为理事长，这些更为我提供了很好的学习平台与调研条件，使我有机会进一步思考建筑行业在新时代变革和转型中的问题，研究新型城镇化建设中的问题。我参与了大量的社会与行业的调研，撰写了一些有关建筑业转型发展、有关新型城镇化建设的思考文章、调研报告和工作建议。几年下来，滴水成河，汇集在一起还真是不少，在朋友们的鼓励下，编写了这本《新时代建筑业转型的思考》。

《新时代建筑业转型的思考》分为转型中的建筑业、建筑企业文化建设、新型城镇化建设三个部分。所汇集的文稿许多都在《中国建设报》《建筑》《中国建筑时报》《中国建筑业》《施工企业管理》《陕西建筑业》《陕西建筑报》等媒体上发表过。由于是在不同的场合发表，一些局部内容难免有重复的现象。有些是在社团会议上讲话后的整理稿，在文字上也有不够严谨的地方。再加之本人学识水平与精力有限，没有再做更多的润泽，难免失之粗糙。不过这些都是自己独立的思考、探究的结果，可以供同行们参阅、研究、批评。这些也算是对近年来工作的总结，为自己、为行业留下一份历史资料。

李里丁

2019 年 9 月

目　　录

第一部分　转型中的建筑业

第二部分　建筑企业文化建设

第三部分　新型城镇化建设

第一部分　转型中的建筑业

　　中国建筑业经历了改革开放的洗礼，经过四十年的快速发展，成为名副其实的国民经济支柱产业。在国家经济进入新常态以后，建筑业面临着转型升级的考验，也面临着产业现代化的新机遇。整个行业都在思考与探索新的改革发展之路。客观地看，建筑业在科研与技术进步方面学习国际上的先进做法，发展速度是有目共睹的。但是在商业运营模式以及生产组织方式等方面，却存在着与现代建筑生产力发展不相适应的地方。进入新的时代以后，如何从实际出发，推动建筑产业的现代化？如何适应经济新常态，推动建筑产业转型升级？如何在新时代实现高质量发展，使中国建造走向世界？笔者在这些问题进行了多方位的思考，撰写了多篇讲话稿与文章，这些大多发表在《中国建设报》《建筑时报》《施工企业管理》《中国建筑业》《建筑》《陕西建筑业》《陕西建筑报》等报刊上。

——作者

国家经济形势与建筑业的发展

——中华人民共和国建筑业 70 年的思考

今年是中华人民共和国成立七十周年。伴随着国家的进步与繁荣，建筑业也发生了翻天覆地的变化。

建筑业在不同的历史时期，总是国家经济发展的晴雨表，随着国民经济的发展，建筑业的总量变化尤为明显。2018 年，建筑业增加值达到 6.2 万亿元，占 GDP 的比重达到了 6.9%，建筑业增加值对 GDP 的贡献率为 8.2%。中国企业的国际营业额占比继续保持全球第一，达到 23.7%，建筑业从业人员达到 5563 万人。

建筑科研与技术正在走向世界的前列。扩大开放以后，建筑业大量引进国际先进的施工技术，并不断研发创新，在地下空间技术、超高层施工、跨海桥梁施工、城市交通建设、绿色节能施工等领域创造了一个又一个的人间奇迹，打出了中国建造的品牌。

建筑施工管理水平快速提升。从推广鲁布革项目管理经验开始，不断改革优化项目管理，优化企业经营管理，优化行业市场管理，极大地解放了建筑生产力，提高了劳动生产率，摆脱了行业"脏、乱、差"的形象，逐步进入到科学管理的阶段。

建筑业推动了国家城镇化的发展。四十年来，随着国家城镇人口的快速集中，建筑业将新型城镇化建设作为了主战场，大城市轨道交通、地下空间、商业住宅等功能建设大幅提升，中小城镇的民居、商业、基础设施建设日臻完善，建筑业为国家新型城镇化建设

（写于 2019 年 8 月 19 日，2019 年 9 月发表于《建筑时报》等报刊）

添上了浓墨重彩的一笔。

建筑业对社会经济的贡献与日俱增，已经无可辩驳地成为国家的支柱产业。

一、国家经济形势向好是建筑业发展的主要支撑

中国社会的现实是，有一类企业发展靠的是国家资源，有一类企业发展靠的是国家政策扶持，有一类企业发展靠的是先进、尖端的技术。建筑施工企业也有依靠，它靠的就是国家的经济形势。虽然同样属于竞争类企业，同样也在夹缝中生存，但是国家的经济大潮在70年间不断涌起，实实在在在推动了建筑业的发展与繁荣。

1. 计划经济奠定了建筑业的发展基础

中国建筑业是一个受国家宏观调控影响较大的竞争类行业。在计划经济时期的20世纪50年代，国家的156个重点项目上马，成就了中华人民共和国第一代建筑企业的起步与发展，奠定了建筑业国家队的坚实基础；"三线建设"时期，国家在极端困难的情况下，在多个地区连续进行了十多年的备战建设，使得国家的建筑力量成倍增长；改革开放以后，百废待兴，又给建筑业带来了腾飞的机遇，国家、地方的固定资产投资带动着民间的资本，如雨后春笋一般在中华大地上遍地开花，建筑业迎来了发展的春天。国家经济高速增长的三十多年里，建筑业成了发展最快、获益最多的行业之一。在国家经济进入新常态以后，虽然或多或少会影响到建筑业的发展进程，但国家宏观调控指导下的城镇化建设、基础设施建设、PPP投资运营建设等等发展战略，都给建筑业带来持续发展的福音。可以说在中国特色的市场经济与政策的直接影响下，经济形势持续向好，这就从根本上为建筑行业创造着宽松的发展环境，使得建筑企业能够充分利用政策和机遇，持续壮大，快速发展。

2. 改革开放形势解放了建筑生产力

国家改革开放的形势推动了生产力的极大解放。四十年来，建筑行业的几代从业者紧紧地依靠改革开放，披荆斩棘，砥砺前行，推动了行业的快速、蓬勃发展。建筑业历经了无数坎坷与挫折，基本建立起了完整的市场经济体系；经过长期的学习、引进和创新，掌握了当代最新的建筑科技与施工技术；经过艰难的改革与调整，逐步形成了合理先进的施工管理体制；经历了痛苦的市场分离，正在生成新的产业工人队伍。建筑业改革最为突出的标志是在全行业推行了施工管理体制的改革，实行了项目管理制度，这对行业的改革与发展起到了根本性的推动作用。项目管理引入了竞争机制，使企业真正步入了市场，消除了"企业吃国家大锅饭""职工吃企业大锅饭"的弊端；项目管理统一配置生产资源，实行目标责任考核，提高了企业的经济效益。

3. 国家住房政策与城镇化建设推动了建筑业高速发展

建筑业总是有运气的行业。在国家宏观调控下受到一些影响的时候，转瞬间又迎来了住房政策的根本性调整，20世纪90年代初期住房的商品化催生了长时期的建筑热潮，国家拿出土地，做出规划，提出政策，吸引了大量的国企与民间投资，它使得无数的民营建筑企业应运而生，中国大地上建筑总量与建筑力量的增加，都到了前所未有的程度。新世纪以来，国家逐步放开户籍政策，大批农民工进城，城镇化建设逐步加快，各路建筑大军纷纷加入到城镇化建设中来，持续高热的城镇化使得建筑业至少迎来了二十多年的繁荣。

4. 对外开放政策使建筑业越来越多地走向世界

经济连续高速增长使得中国的建筑业明显地产能过剩。在国家政策引导下，几乎所有的大型建筑企业走出国门，到域外寻找市场。许多企业长期在国际市场经营，不仅赢得了丰厚的利润，而且也赢得了响亮的品牌。走出去成了许多企业长远的发展战略。越来越多的企业走出去是国家开放政策的结果，也是国家雄厚国力和国际声誉的体现。

5. 国家投资新政促成了建筑业逐步走向高端

国家正在推行的 EPC 工程总承包的施工模式与 PPP 商业运营模式，正在吸引更多的大型国有企业与民营企业参与其中。这种经营模式可以说是建筑行业发展中的一次革命，它不仅有效地解决了政府部门的资金问题和投资效益问题，也促进了施工企业在新时期加快转型升级，朝着产业链的高端迈进。这种管理模式虽然是市场经济的产物，但明显地带有政府部门主导的烙印，在国家层面，就是带有较强的计划性。建筑业未来的发展还是紧紧地维系在国家发展的大形势之下。

二、建筑业在新形势下发展的主要问题

国家的经济形势与利好政策推动和影响着建筑行业的发展，但是同时在市场运行与宏观调控中也在不断产生一些新的问题。

1. 生产关系滞后生产力的发展

建筑业的飞速发展证实了生产力异常的活跃，在经济新常态下行业需要转型，需要加速产业的现代化，而影响产业发展的不是其他，而是生产关系，是生产的组织方式、生产方式以及相关的政策还有不适应生产力发展的地方。

2. 营商环境与建筑市场的不完善

受社会因素的影响，建筑业的市场规则一直难以规范化、秩序化，尤其是招投标市场的乱象未得到彻底的治理，我们一直追求的是正确地做事，而不是把事做正确。营商环境的失范较大地阻碍了企业的发展，尤其是民营建筑企业的快速壮大。

3. 诚信体系与企业文化建设的滞后

当前建筑行业的进步不缺技术，不缺资金，甚至不缺人才，缺的是诚信执业的工匠精神，缺的是以诚信、敬业为本的企业文化。这种精神文化是适应新时代、建立百年企业最为重要的基础。

三、新时代建筑业发展仍然需要形势与政策的引导

中国特色社会主义制度的优越性将继续推进建筑业在新时代的发展。在国家经济形势有利于建筑业的时期，要充分利用政策的引导，解决影响建筑生产力发展的生产关系方面的问题。

1. 稳定投资主体，建立全寿命周期管理的新体制

建筑全寿命周期管理是运用全寿命周期价值管理（LCVM）的基本原理和集成、系统的管理技术，使建筑产品在全寿命周期内达到社会或者业主最大价值的管理过程。全寿命周期管理有两层概念：（1）全寿命周期价值最大，周期内建筑物的贡献大于消耗；（2）全寿命周期成本最低。从理论上讲，全寿命周期管理能最大限度地节约成本，实现资源的优化。为适应新时代的要求，从供给侧结构方面解决建筑业的高质量发展问题，就必须尽快将这一先进的管理模式提到议事的日程。

首先是从投资主体层面解决价值管理的主体责任问题。目前最大的难点是建设投资管理体制，其弊端是，投资管理主体不确定、不稳定，很难体现科学的、具有可持续性的建筑物的使用功能和全部价值。这样，就没有人能够实际上为建筑物的运营成本控制和效能最大发挥负责任；规划体制的多变，使得政府领导常常从政绩出发考虑城市规划，滥建高层、滥拆民居的现象时有发生，建筑物往往不到年限就"寿终正寝"，根本谈不上科学的价值管理。因此，要推行绿色建筑，进行建筑物全寿命周期管理，就必须在全社会树立绿色发展的理念，从固定资产投资和管理体制抓起，加快推进建

筑物投资管理责任制的形成，加快推进项目的工程总承包管理方式，规范地运用 PPP 商业模式，从而达到最大化地节约社会资源，促进建筑业高质量的发展。

其次是赋予建筑设计新的内涵。目前所界定的建筑设计的内容并没有对建筑物全寿命周期价值的管理内容，也就谈不上对建筑物进行价值管理的责任。一栋住宅工程，主体设计寿命 50 年，而上下水管道的设计材料往往用不了 20 年，还有地敷热、防水、弱电等系统根本没有科学的使用年限，作为业主确实是生活在对自身未来无知的风险之中！按照全寿命周期管理的要求，设计企业首先要运用新的价值管理模式，研究建筑物全寿命周期内建筑物各个组成部位的使用功能、资源耗费、维修期限、运营成本等，并与业主、施工企业共同研究确定后，在施工图纸和文件中予以体现。这是设计服务内容新的提升，也是价值管理开始最关键的环节。

第三是施工企业要快速提升工程总承包的能力。过去的计划经济曾经给建筑业带来过无数的机遇，但也在体制上遗留下一些弊端。目前国家的大型企业现状是设计与施工企业分设，谁作为大型工程的工程总承包的法人方都很难。这一问题需要逐步解决，先是大型施工企业要快速提升自身的设计或施工能力，但当下还是更多地需要设计、施工企业结成联合体，去承接大型工程项目，在项目上形成实际上的责任和利益共同体，形成对建筑物全生命周期服务的实际效能。

2. 建筑产业现代化的核心是行业高质量的发展

建筑产业现代化要尊重基本的经济规律。有人对建筑产业现代化提出了几个"化"的定义，我认为，建筑产业的现代化第一要适应生产力的发展，第二要符合经济发展的会基本规律。就拿装配化的生产方式来说，标准化加装配化，肯定效率会提升，肯定建设速度会加快，但为什么发展阻力一直较大呢？这主要是市场的需求问题。老百姓需要什么样的房子，需要多少快速生产的房子？以西安市为例，最新统计，不算郊县，光城区就有可住房400万套，城区人口按600万计，大约户均两套住房。再提倡高层装配式的住房，再建设高密度的小区，到底有多少市场？企业都是以营利为目的，一味提倡高装配率的高成本工程，施工企业很难有积极性。因此，生产方式的现代化、施工的装配化，一定要从实际出发，从市场需求出发，从企业自主创新出发，将绿色、环保有机地结合在一起，寻求较高的产出效率和较低的施工成本，这样的产业现代化才会有较强的生命力。

建筑产业现代化要将高质量发展放在第一位。当前，要从长远和内涵上更深刻地建筑业高质量发展的问题，重审视质量管理对建筑业在供给侧结构改革上的作用。一方面，要狠抓现场质量控制，保证建筑产品的质量过硬；另一方面，要使建筑产品能够逐步适应发展了的消费市场的需求，必须建立起一个更高的标准。这就是，建筑质量不仅要有总体的合格标准，还要有细部精准的要求；不仅要求质量符合施工图纸设计，更要求使用功能符合业主需求；不仅项目在质量验收时合格，更要在全寿命周期中经受时间的检验。建筑物从建造结束时的质量验收，一直到建筑物寿终正寝，整个过程中能源的消耗、环保等附加功能的使用，都应力求做到高品质、高质量、高效率。在全行业转型升级的时代要求下，我们应逐步将这样的理念贯穿于中国建造的实践之中。

3. 刻不容缓地推动行业诚信体系建设

建筑市场的环境治理存在着诸多的问题，究其根本是行业诚信的缺失。企业经营者缺乏诚信，就会违纪、违法、弄虚作假；生产工人缺乏诚信，就会违章、违规、粗制滥造；市场运作缺乏诚信，就会围标串标、违法分包，引起恶性竞争；企业管理缺乏诚信，就会追求形式、贪图小利，导致管理混乱。当前建筑业市场经营中的不诚信行为已经严重地阻碍了行业与企业在新时代的发展。目前的建筑市场其实是一个共同体，大家都在其中生存、竞争，行业的发展有施工企业的贡献，违规与不诚信行为也有施工企业的责任。要改善行业道德，净化市场秩序，市场主体首当其冲。建筑施工企业要自觉地建设诚信执业的企业文化，强化市场行为的自律，提倡诚信经营，推动社会风气的好转，改善市场的诚信氛围，反过来又是为企业自身创造了健康发展的环境与机会。

市场的诚信经营最终是要通过政府执法才能进入规范的轨道。因此，政府主管部门对建筑市场的严格监管，对于诚信体系建设起着决定性的作用。在这方面政府正在做着大量的工作，效果也在初步显现。政府部门要带头严格执行国家法律法规，成为诚信建设的严格履行者和社会典范。

4. 未来的建筑市场要更多地走出国门

建筑业的产能过剩是不争的事实，但是在产能背后，却隐藏着大批的没有实际施工能力的三无企业，建筑业的去产能就是要通过市场严管的手段剔除掉那些干扰市场的三无企业，从而让那些有资质、有能力的企业在市场上一路绿灯，享有自身合法的权益。

首先是大型施工企业要客观地看待国内逐步减缓的经济增速，认清大势，抓住国家"一带一路"发展的新契机，有选择、有目标地走出国门，在发展中国家寻求新的市场，实行战略性的转移。在国内主动进入旧城区改造的市场，在国际抓住基础设施建设的机遇，这是国际、国内发展的大形势，也是企业的新的市场所在。

其次是政府部门要主动研究、调整好国内市场的结构。大家都在讨论营商环境问题，都在指责招投标市场的不规范，其实多年来我们在追求市场合法性的框框内一直在寻求正确地做事，而不是做正确的事，招标规范的不一定是效果最好的。我们应该跳出这个框框，寻求简捷的方法，寻求较好的效果。在低端项目招标上可以放开，在中高端项目招标上可以在大型企业内选择，大型企业可以将一般的结构、装修工程分包给一级、二级企业，建立起市场上长期合作的总分包格局，这样可以减少政府的行政行为，减少招标中繁杂的关系和不必要的成本付出，发挥大企业的社会作用。这样的做法可能效果更好、更长远。

5. 建筑产业工人队伍的建设迫在眉睫

建筑业目前仍然属于劳动密集型行业，再加上工作艰苦、流动性大等条件的影响，稳定的产业工人队伍比较难以形成。按照2018年的统计，全国建筑业进城务工人员已经达到5630万人。国家和社会正在努力解决农民工的进城、落户、住房、子女上学、医疗保险、工资发放等问题。但施工企业普遍反映农民工技术及操作能力在下降、工作不稳定、技术资质参差不齐、高素质人员奇缺等问题。大家都在解决问题，而问题越来越严重！什么原因？我认为所有的政策都是绕开了农民工问题中最关键的矛盾：这就是身份归属。历经了两层分离的企业虽然都不愿意再回到企业拖家带口的过去，但身份不固定的劳务现状的苦果大家都已经尝到了。企业正式的员工只有身份稳定后才会有相应的付出和贡献，同理，建筑业进城务工人员如果身份老悬在半空，再谈加强培训、提高素质都是空话。因此，要尽快研究这一问题，无论是大型企业，劳务企业还是专业企业，都必须使已经进城，而且准备长期从事建筑业的进城务工人员相对稳定在一个企业，接受实际的管理，进行正规的培训，享受应有的待遇，这样才能真正补上建筑工人素质不高的短板。这是大型企业应该优先考虑的问题，也是亟需政府主管部门解决的问题。五千多万的进城务工人员，占到全国建筑工人的80%，这样庞大而重要的一支力量应该得到重视，身份问题应该得到历史性的解决！使农民工有所归属，有所依托，真正赋予他们产业工人的地位，如此，中国建筑产业工人队伍建设才能有一个完整的概念。

中国建筑业走过了 70 年辉煌的历程，一个充满机遇和希望的新时代已经来临，我们要紧抓机遇，跟上形势，推动中国建造更快更好地走向世界。

跟上时代前进的脚步

——一谈建筑业高质量的发展

党的十九大指出，我国经济已由高速度增长阶段转向高质量发展阶段。必须坚持质量第一、效益优先，以供给侧结构性改革为主线，推动经济发展质量变革，效益变革，动力变革。

建筑业作为国家的支柱产业，在高质量发展中承担着历史的责任。建筑业的高质量已经不是一般的工程质量概念，而应该有着更高的标准：建筑产品从功能上要满足正在不断变化着的市场需求，满足人们对高品质宜居生活的愿望；建筑产品质量不仅在验收时合格，更要在全寿命周期中经受时间的检验；建筑企业的质量品牌不仅要表现在优质项目上，更要标准化在所有的施工项目中。建筑企业的内部效益不能老在低水平徘徊，应该回归到市场的平均利润水平。企业的社会效益应该满足建筑全寿命周期的要求，从设计、建造的质量验收结束，一直到建筑物寿终正寝，整个过程都要做到低耗、绿色、环保，达到效益的最大化。

建筑业高质量发展的目标是创立"中国建造"的品牌。去年国办发的文件中提出了打造"中国建造"品牌的要求，今年习近平主席在元旦祝词中赞扬"中国制造、中国创造、中国建造共同发力，继续改变着中国的面貌"。这说明，以"中国建造"为品牌的中国建筑业已经被国家所充分肯定。"中国建造"正在为建筑业这一支柱产业披上了新的光辉。

(写于 2019 年 5 月，应邀为《陕西建筑业》杂志写的卷首语)

新时代"中国建造"应该有着新的内涵:建筑业要秉持新的发展理念,加快供给侧结构调整,推动质量变革、满足社会日益增长的对高品质建筑的需求;建筑业要以节约资源、保护环境为先导,优化产业结构,改革生产方式,做世界新施工技术的引领者;建筑业要树立文化自信,弘扬工匠精神,推进诚信建设,不断提升行业的信誉和队伍的素质。"中国建造"不仅仅体现着新时代中国建筑的质量品牌,更是要展现新时代中国的民族精神和建筑业的行业文化。

建筑业高质量发展的时代已经来临,我们要跟上时代前进的脚步,抓住建筑业发展的新机遇,转变观念,勇于创新,推动企业转型升级,让"中国建造"走向世界。

以创新引领高质量发展

——二谈建筑业高质量的发展

创新是引领发展的第一动力。建筑业高质量发展不是传统意义上的一般发展，它有着许多新的内涵。推动建筑业高质量发展，就必须要实行全面的改革，实施全方位的创新。

首先，要在企业的经营模式上创新。要研究市场的新变化，从供给侧结构性改革的角度思考问题，逐步探索建筑全寿命周期管理的经营模式，稳妥推进 PPP 商业运营，加快实施工程总承包管理，延长产业链条，从根本上为业主着想，节约基建投资、提高施工效率、完善建筑功能、保证产品质量。创新经营模式也能为企业赢得市场，塑造品牌，进而推动传统产业的转型升级。

其次，要在生产方式和施工技术上创新。一定要站在转换动能和提升效率的角度看待当前正在倡导的建筑装配化施工、绿色施工、被动式建筑技术和信息化管理。我们推进装配化施工主要不是追求什么装配率，而是要在降低成本、提高效率上下功夫；推进绿色施工不是为评什么奖项，而是为了真正降低能耗、服务环保的目的；推进企业信息化也绝不是装潢门面，而是尽快跟上时代步伐，提升企业的现代化管理水平。

第三，要在项目管理上创新。项目管理是企业管理的基石，任何时候这里都是施工企业工作的重心。要随着时代的转换，将过去项目承包式的管理转向集约式的经营。市场开发的主要责任要移向

（写于 2019 年 6 月 19 日，应邀为《陕西建筑业》杂志写的卷首语）

企业本部，项目要依托企业的品牌、资金，心无旁骛地管理好项目，集中精力抓好项目的成本节约、技术攻关、绿色施工、质量安全、劳务管理，做好高质量发展的基础性工作。

第四，要在企业体制改革上创新。这里说的体制创新一方面是按照现代企业制度的要求，从实际出发，推进混合所有制改革。另一方面则是面对新时期的建筑市场，每一个企业都要根据自身现有的实力与特长，找准属于自己的市场定位，摆脱愈大愈好的误区，形成特级总承包企业为主导，众多一般施工企业为主力，各类专业施工企业为辅助的，具有时代特点、合理布局的市场结构和行业施工队伍。

我们只有紧紧把握好创新这第一驱动力，就一定能加快建筑业的优化转型，实现高质量的发展。

人才是高质量发展的坚实基础

——三谈建筑业高质量的发展

在我国进入高质量发展阶段，需要更多的高质量人才投身于新时代建筑产业现代化的建设之中。

首先，需要一批优秀的建筑企业家。在国家经济发展进入到新旧转换的关键阶段，需要企业家群体奋发有为，砥砺前行，引领和激发全社会创新与创业的活力。在供给侧改革的新背景下，敢于担当、勇于创新、诚信执着等企业家这些可贵的品质成了转型升级的主要原动力。因此，习近平主席讲，市场活力来自于人，特别是来自企业家，来自于企业家精神。

其次，需要一支勇于创新的科学家队伍。奋战在建筑施工一线的工程技术人员都有可能成为新时代的建筑科学家。科技人员不计得失、默默奉献的精神，心系科研、敢于创新的精神，是我们新时代建筑业发展最为可贵的精神财富，也是行业转型升级，实现新旧动能转换的力量所在。我们要弘扬科学家精神，紧紧抓住科技创新这一关键所在，引领中国建造不断地走向世界。

第三，需要建立新型的建筑产业工人队伍。在行业转型中，需要在全体工人队伍中弘扬工匠精神。工匠精神最核心的就是诚信执业、精益求精。我们固然需要大国工匠式的典范人物，但更需要全体产业工人磨炼和具备诚信执业、一丝不苟的工匠精神，整个行业有了这种精神和文化，中国建造的高质量发展就有了可靠的保证。

（写于 2019 年 8 月 20 日，应邀为《陕西建筑业》杂志写的卷首语）

目前的建筑业基本上还是属于劳动密集型行业，全国从业人员的 80％，大约有 5000 万人都是进城务工人员队伍。这支队伍为建筑业发展立下了汗马功劳，为城市建设鞠躬尽瘁，可是由于根本性的问题未能解决，技术工人中存在着严重的青黄不接。这里最根本的是身份归属问题。企业正式的员工只有身份稳定后才会有相应的付出和贡献，同理，进城务工人员如果身份老悬在半空，再谈加强培训、提高素质都是空话。因此，要尽快研究这一问题，无论是大型企业，劳务企业还是专业企业，都必须使已经进城，而且准备长期从事建筑业的进城务工人员相对地稳定在一个企业，接受实际的管理，进行正规的培训，享受应有的待遇，这样才能真正补上建筑工人素质不高的短板。使进城务工人员有所归属，有所依托，真正赋予他们产业工人的地位，如此，中国建筑业高质量发展才会有一个坚实的基础。

建筑业高质量的发展正在与我们同行，让我们肩负起时代的使命，不断开拓创新，弘扬工匠精神，建设未来坚实的大厦，托举起两个百年的伟大梦想。

在高质量发展中推进中国建造

——2019建筑业展望

习近平主席在新年致辞中对中国建造予以了高度的肯定，国家今年的建设工作会议对行业发展也提出了新的要求。我们对2019年建筑业发展充满着期待，也有着一些新的思考。

一、以供给侧结构性改革为主线，加快市场主体的转型

1. 认识稳投资、稳预期的经济走势，树立市场的信心

国家经济工作会议提出了六稳，包括稳投资、稳预期在内的经济方针，提出了加强新型基础设施建设，加大城际交通、物流、市政基础设施建设等一系列惠民生的举措，这些与基本建设加大投资有密切关系的举措都会给建筑业带来利好的消息，尤其是在"一带一路"总框架下国家几个大区域的经济布局，也会给建筑业带来新的发展契机。建筑市场当前主要矛盾是产能过剩与产业结构的失衡。市场无序、过度的竞争、住房库存的居高不下、工程应收款的持续走高，这些都会形成潜在的风险。防控经济风险要处理好改善营商环境与加强市场监管之间的关系，一方面要从政策层面加快供给侧结构性改革，另一方面要加强监管协调，强化公正的监管本身就是对守法企业最好的保护。因此，新的一年认清经济走势，控制经济风险，把握经济预期，提振未来信心，是行业持续健康发展的关键所在。

（写于2019年1月13日，该文曾发表在《中国建设报》等报刊上）

2. 满足最终需求，积极引导消费，做全寿命周期的服务商

建筑市场的变化首先要看清楚是现代社会消费需求的变化，人们从一般的有房住、质量好的基本需求已经发展到求宜居、提功能、要环保的高品质追求，包括装配式住宅，都要满足人们新的市场需求。建筑业的地位在提高，建筑企业也应该从被动地适应市场转向主动地引导市场，引导消费，改变商业运营模式，做好建筑全寿命周期服务商、订制商，树立高质量发展的新形象。

3. 抓住城市建设体系化和乡村振兴的契机，适时调整企业的经营结构

住房城乡建设部提出城市建设体系化的概念，这是国家城镇化建设走向成熟的标志。新城镇建设、老城区改造、旧住宅完善、城市环境优化、地下管廊建设等，都是新的城市建设体系化的课题。要抓住机遇，研究和探索建筑业在城市建设体系化中的角色和作用。乡村振兴战略需要一大批施工企业参与其中，这也是中小企业转型发展的新机遇。

供给侧结构改革既是政府主管部门的责任，也是市场主体自身的需求，只有审时度势，主动转型发展，才会在新一轮竞争中立于不败之地。

二、以高质量发展为目标，精心雕塑中国建造品牌

1. "中国建造"的提出有着非同寻常的意义

2017 年在国务院办公厅印发的《促进建筑业持续、健康发展的意见》中提出了打造中国建造品牌的要求，今年习近平主席在元旦祝词中赞扬"中国制造、中国创造、中国建造共同发力，继续改变着中国的面貌"。这说明，以中国建造为品牌的中国建筑业已经被国家所充分肯定。中国建造正在为建筑业这一支柱产业披上了新的光辉。

在新时代的背景下，"中国建造"应该有着新时代的内涵：建筑业要秉持新的发展理念，转变发展方式，坚持质量第一、效益优先，不断提高创新力和竞争力；建筑业要以节约资源、保护环境为先导，调整产业结构，创新施工技术，为新时代的绿色生活方式提供更多的优质产品，以满足人民日益增长的对优美生态环境的需要；建筑业要树立文化自信，弘扬工匠精神，推进诚信建设，提升产业队伍的素质。"中国建造"不仅仅是体现着新时代中国建筑的质量品牌，更是要展现新时代中国的民族精神和建筑行业的精神文化。

2. 高质量发展要把科技创新放在首要的位置

建筑业在改革开放的四十年引进了大量、成套的新技术和新工艺，快速地提升了生产力。在高质量发展和供给侧改革的语境下，仍然要将科技创新和技术进步摆在首位，继续引进国际先进技术，扩大高水平的开放。在引进国际先进技术的同时，也要引进先进的施工管理理念和工程组织模式；在学习国际先进生产方式的同时，更要从实际出发，注重国情和传统文化的适应性，在吸收外来科技成果的基础上不断创新，开发出属于自己的新成果。

3. 企业高质量发展要解决好两个方面的问题

建筑业高质量发展就要转变发展方式，坚持质量第一、效益优先。新时代建筑质量已经上升到国家品牌的层面，在逐步淡化质量评优的同时，要强化中国建造的品牌意识，逐步做到每建必优，在每个建筑物身上都要体现出行业的形象、国家的形象。坚持效益优先，要关注两个方面：一是建筑行业利润率长期过低要引起重视，要改革管理机制，实行集约经营，提升企业法人的营业收入利润率；二是要推进国家《建筑法》的修改，在坚持质量优先的原则下，政府应该出台优质优价的市场管理办法，更好地体现效率与公平，更有效地推动产品质量的升级。

三、以改善营商环境为抓手，重塑新的市场秩序

1. 建筑市场的主要矛盾是产能过剩与产业结构的失衡

建筑行业狭义的产能过剩就是在市场上有一定的资质，追逐利益的各类法人太多，而实际上具备相应生产力水平、能够提供有效服务的企业较少。从广义上看，建筑业的产能过剩应该是，表现在队伍上，是一般的、低水平的总承包企业过多，造成了市场上的过度竞争；表现在产品上，是三、四线城市商品房（也包括部分保障房）过剩，去库存的压力很大；表现在资金上，是投资下降，企业应收款居高不下；表现在产业供给结构上，是一般的房屋建筑施工能力过剩，真正适应未来城乡发展的基础施工、环保施工、绿色施工、工程总承包服务的能力较弱。因此，建筑业面临着供给侧结构性改革的巨大压力。

2. 如何改善建筑市场营商环境

一是市场主体要适应环境，主动转型。市场主体永远都是市场矛盾的主要方面，在供给侧改革的环境下，各类建筑企业都应该不断关注国家的经济走势，研究行业政策，调整发展战略，找准自己的位置，切不可再盲目地扩张规模，参与高成本的竞争；二是政府部门要继续作为。政府的放权固然有利于增强市场活力，但不能满足于"最多跑一次"的表象，还是要把服务和监管做到位，强化公正的监管本身就是对守法企业最好的服务。要有效地改善营商环境，为好的企业拓展发展空间，将劣质企业和皮包公司淘汰出局。三是加快诚信体系建设。诚信体系建设是良好市场环境的基础，持续有力地推进企业和行业的诚信建设，弘扬工匠精神，树立行业良好的品牌和信誉，是我们共同的责任和义务。

四、以增强微观主体活力为重点，推进企业的体制改革

1. 客观看待四十年来建筑企业产权体制改革的成果

改革开放初期，以江浙一带为主的大部分地方国有企业，抓住机遇，果断地实行了产权结构的调整，脱身蜕变为民营企业。这些企业具备一定的管理基础，又有着相应的技术管理人才，再加上体制转换后催生了灵活的经营机制，很快便在市场上如鱼得水，赢得了竞争的优势。多数国有企业通过较长时期的砥砺奋斗，逐步完成了内外债务的清理，完成了职工队伍的剥离和优化，实现了凤凰涅槃，并依靠人才和品牌的优势在市场上站稳了脚跟。数量更多的企业，是在建筑市场不断开放的过程中依靠政策，白手起家，逐步发展起来的，这批企业规模和质量参差不齐，产权多为民营结构。建筑业属于充分竞争性行业，四十年来形成的产权结构比较符合我国生产力的实际，也有利于公平充分的竞争。当下的重点是增强微观主体活力，解决好民营企业内部制度的规范与国有企业混合所有制的改革。

2. 落实相关政策，扶持民营经济发展

四十年来民营企业也在不断分化，要用足国家出台的一系列对民营经济的优惠政策，积极支持有实力、讲信誉的企业向高层次发展。引导更多的企业逐步消除家族式管理的弊端，建立规范的现代企业制度，提升企业的品牌和文化素质。对于无技术力量、无资金实力、无市场信誉的僵尸企业，要果断地启动退出机制，以整肃市场秩序，减少过度竞争中的市场干扰与交易成本。

3. 从实际出发，推进国有企业的混合所有制改革

混合所有制改革是国有企业改革的总方向。但对于不同的企业，还是要从实际出发，一切以是否能增强企业活力为判断标准。四十年来，企业都磨砺出了适合自身发展的体制与机制，民营参股

国企，存在着两难，不一定是上策。较好的方法还是大型国企与高层次的科研、设计、投资、环保、金融等企业实行产权或经营合作，这对于企业高质量发展会有好处。

五、以人为本，建立新时代建筑产业工人队伍

1. 建筑市场劳务用工现状及存在的主要矛盾

住房城乡建设部近年来提出了取消劳务资质，发展专业作业企业的要求，其本意是做强总承包企业，做专更多的专业分包企业，促进大企业培育自有劳务队伍。从方向上看这一政策是对的，但是在具体执行中这项改革进展缓慢：第一是多数新生代农村青年不愿再从事建筑业艰苦的工作，劳动力断档问题越来越突出；第二是多数总承包企业不愿意再养活大量的劳务人员。大批技术工人、一般普通工人，即便是在一个临时群体，一个小的专业公司，但最终归属何处，这是一个悬而未决的问题；第三是现存的、市场仍然需求的劳务分包企业还在照常运行，看来短时期也难以退出市场。企业都需要高素质的工人队伍，可是未来的资源在逐步枯竭，现有的进城务工人员归无实处，这是一个大难题。要实现建筑业高质量发展，要落实国家一亿多进城务工人员进城落户，要拥有和储备未来发展的人力资源，必须要解决好这一矛盾。

2. 建立新型产业工人队伍需要多方的共同努力

维护好劳动力的基本稳定是现实中市场的需求，建设新型的产业工人队伍是行业高质量发展的长远要求，必须将两者结合起来。一是要承认现有劳务企业在过渡时期对于劳务人员的稳定作用，并且引导讲诚信、有实力的劳务企业接收和培训自己稳定的劳务人员，逐步形成与大型企业长期合作的总分包关系；二是大型建筑企业要思考长远队伍建设的问题，要付出一定的代价和成本为未来发展聚集人力资源，储备生产能力，并且要承担起对总承包范畴内所

有进城务工人员的培训任务；三是政府主管部门要落实中央经济工作会议精神，把进城务工人员稳就业的大事精心做好，负起劳务企业在转换过程中对进城务工人员权益保护的责任，研究出台合理消化进城务工人员身份转换中的社会成本、同时又能减轻企业负担的相关政策。

2019 年是中华人民共和国成立 70 周年，是建筑业转型发展的关键之年。我们要充分尊重市场经济运行的规律，充分尊重建筑生产力发展的基本规律，一切从实际出发，脚踏实地地推动行业高质量发展，让中国建造真正走向世界。

建筑业永续发展的不竭动力

——纪念建筑业改革开放四十年

改革开放是决定当代中国命运的关键抉择。四十年来，建筑行业的几代建设者紧紧地依靠改革开放，披荆斩棘，砥砺前行，推动了行业的快速、蓬勃发展。建筑业历经了无数坎坷与挫折，基本建立起了完整的市场经济体系；经过了长期的学习、引进和创新，掌握了当代最新的建筑科技与施工技术；经过了艰难的改革与调整，逐步形成了合理先进的施工管理体制；经历了痛苦的市场分离，正在生成新的产业工人队伍。建筑业对社会经济的贡献与日俱增，已经无可辩驳地成为国家的支柱产业。

在看到行业改革开放取得巨大成就的同时，我们还有必要更深入地回顾，在行业改革开放的几个关键环节上，事件发展的主要脉络，变化的基本走向，出现的主要问题以及对行业的长远影响。研究这些问题，探讨新时代建筑业的发展之路，也许是当前我们对改革开放四十年最好的纪念。

一、建筑业四十年改革开放的关键线路

1. 施工管理体制的改革

施工管理体制的变革主要是走了一条从承包经营到项目管理的道路。

建筑业在全国率先实行改革。1984 年后国务院相继推出了投

（写于 2018 年 9 月 10 日，该文发表在《建筑时报》等报刊上）

资包干、招标承包、百元产值工资含量包干以及用工制度改革等十六项改革措施。扩权让利在传统的计划经济上打开了一个重要的缺口，让原本举步维艰的国有建筑企业开始有了发展的动力。

企业改革的第一步是扩权经营，成为"自主经营、自负盈亏、自我发展、自我约束"的经济实体；第二步则是实行企业承包制。建筑业的承包经营在企业层面收效相对比较缓慢，到1987年国务院提出在全行业推广"鲁布革"管理经验，推行项目法施工，建筑业发展才真正找到了突破口，建筑生产力也才得到了空前的解放。

三十多年来，学习和应用项目管理这种先进的施工管理模式，对行业的改革与发展起到了根本性的推动作用。

一是引入了竞争机制，使企业真正步入了市场。消除了"企业吃国家大锅饭""职工吃企业大锅饭"的弊端；二是统一配置生产资源，实行目标责任考核，提高了企业的经济效益；三是汇聚了人才和智慧，解放和发展了生产力，创造出了许多惊人的建筑奇迹。

与任何事物一样，项目管理在改革中不可避免地会碰到新的问题和矛盾，项目管理存在的主要问题：一是多数项目管理层次不高，不适应高速发展的生产力水平；二是在承包经营的模式下，项目利益与企业利益矛盾突出；三是两层分离后带来了新的劳务用工问题。

建筑业在新时代的转型升级，重点是要探索新的施工管理组织形式，高效配置资源，实行集约经营。首先是施工管理组织要向设计、施工一体化，投资、施工一体化的高层次方向发展；其次是要推动企业经营的集约化与精细化，调整好项目管理与企业法人管理的关系；第三是弘扬企业家精神，探索适应市场要求的企业管理人员薪酬制度。

2. 市场管理体制的变革

建筑市场管理体制的变革主要体现在市场主体的成熟、市场交易的完善以及价格体系的形成。在企业实施承包经营的同时，建筑市场交易和价格体制的改革采取了局部推进的方式。

党的十四大明确了国家经济体制要以公有制为主体，其他经济成分为补充的方向后，多元化的建筑业市场主体形成得最快，也最活跃。一大批民营企业如雨后春笋般生长起来，他们以灵活的经营机制适应市场，很快便占据了半壁江山。国有企业也在逐步地学习民营企业的经营机制，他们拖着沉重的人员和债务负担，被动地应对着市场，许多企业处于亏损状态。这是市场主体形成的第一阶段。随着国家抓大放小政策的推进，国企进入分化期，有实力的企业逐步完成了内外债务的清理，完成了职工队伍的剥离和优化，一批中央和地方大型国有企业完成了凤凰涅槃，并依靠人才和品牌在市场上站稳了脚跟。民营企业也进入了分化期，不规范的企业逐步出局，讲诚信、有实力的企业继续在经营机制、价格竞争等方面保持着明显的优势。这是市场主体形成的第二个阶段。在供给侧改革的背景下，建筑业也出现了产能过剩的问题。国家对建筑业的市场体制和结构提出了新的要求。大部分中央企业和部分地方企业看准市场发展前景，坚定地走向工程总承包或投资、施工一体化运营商，部分中小企业开始转向专业承包公司，劳务企业也开始分化和重组，建筑市场主体逐步地走向了成熟。这是市场主体形成的第三个阶段。

建筑市场交易与价格体系的形成也是走了一条曲折的道路。1998 年后，《建筑法》《招标投标法》《合同法》相继实施，市场化改革加快。一些管理机制老化、经营不善的企业利润普遍降低，有的甚至亏损严重，产品价格成了大家共同关心的问题。对于建筑产品价格的呼声几十年来彼伏此起，延绵不断。结果，市场还是按照自己的轨迹在运行，业主依然还是选择低价中标，而施工企业依然在相互挤压中默认着低价的现实，所谓供求规律"无形的手"顽强地在发挥作用。

建筑市场的改革开放打破了地区、部门、所有制的界限，打破了少数企业的垄断，增强了企业的竞争意识，激活了企业的经营机制，有效地节约了国家和业主的投资，锻造出了一支适应国际化、现代化的企业家队伍。一大批适应市场、敢于拼搏的企业在市场的大浪中跃过了龙门。从改革的实践也可以看出，市场主体的形成、淘汰以及结构变化，都有着自身的发展规律，都要受到生产力发展水平和社会环境的影响，与市场成熟的程度相关。

相对于其他领域的改革，建筑市场体制改革要缓慢得多，矛盾也相对突出得多，最明显的是表现在招投标与合同管理上。在初始的买方市场中建设单位始终居高临下，用压价和压缩工期选择施工企业，白热化的竞争迫使企业经常屈从于市场上的"无形之手"。从开始不同程度拖欠施工企业的工程款，到要求缴纳名目繁多的保证金，甲乙双方的不平等逐步趋于合理化、常态化。在产能相对过剩的状态下，市场的恶性竞争、围标串标一直难以得到有效的解决，企业及社会为市场交易所付出的额外成本也难计其数。

随着国家放、管、服改革逐步深入，市场在配置资源中决定性的作用更加显现，建筑市场管理也正逐步趋于规范。为了给市场主体营造良好的生存环境，必须要加快《建筑法》的修改，建立公正平等的市场交易平台。加强市场的监管要把工作重心放到诚信体系建设上，统一市场数据管理和应用，强化对失信者的惩戒。行业诚信体系的建立，是市场健康运行的重要基础。

3. 建筑科技与施工技术的快速发展

建筑业改革开放最为显著的成就应该是建筑科技进步。在政府的推动下，企业快速、成套地引进国际先进的施工技术、施工工艺和新型材料，并结合实际，不断地进行创新、改造和完善。建设部连续三次推广和修订建筑业十项新技术，充分地发挥了科技是第一生产力的作用，从基础上推动了中国经济持续、高速的发展。四十年来的建筑科技进步大幅提升了行业的劳动生产率，推动了建筑业增加值的比重，加快了我国城镇化的步伐；建筑技术的引进和创新，成就了一批勇于进取的大型企业，他们在地下空间、超高层建筑、绿色施工等领域迅速地走在了世界的前列；建筑施工技术的进步极大地解放了繁重的体力劳动，培养和造就了新一代的产业工人队伍。

中国建筑业技术的引进和创新有着自身的特点。一是动力充足。上至国家政府部门，连续出台政策法规进行激励和引导，下至项目管理团队，应用新技术提升产品质量和效益的愿望异常强烈；二是推广快，应用广泛。中国的建筑技术很难封闭，传播速度非常之快。垂直运输技术，大模板技术，脚手架技术等，悄然之间便会迅速移植到每一个工程项目；三是机遇和环境好。建筑业的技术进步恰逢国家经济快速增长之时，城镇化的快速发展，基础设施建设的大规模推进，绿色施工的环境约束，都成了建筑科技进步的催化剂。

建筑科技的发展应该解决好两个主要问题：

（1）体制和政策的不完善与不配套阻碍着技术的进步。例如由于历史的原因，设计与施工管理长期分割，造成 EPC 推广步履艰难；由于市场和政策的不完善，建筑产品的工厂化、装配化和预期还是有较大的距离。只有下决心调整生产关系，才能更快地释放出新的生产力。

（2）产业工人队伍素质低影响着技术的进步。日新月异的技术引进和创新需要高素质的管理队伍和工人队伍去掌握，可是目前新一代的建筑产业工人大都从农民蜕变而来，使他们融入企业文化，掌握现代管理技术，具备工匠精神，还有较长的路要走。

4. 建筑产业工人队伍的变化

施工管理体制改革的一大突破就是实行两层分离，企业不再办社会、带队伍，项目直接从市场聘用劳务人员。这是一项较长阶段痛苦的改革，大批国有企业的下岗职工为此做出了牺牲。但从市场经济发展的方向看这一步棋是必要的，它减轻了企业的负担，强化了项目的管理，加快了建筑业的市场化步伐。

在国家经济高速发展的背景下，大量的农民工进城，填补了企业体制改革后对劳务的需求。在将近二十年的时间内，劳动力的供应相对充裕，施工企业能够做到随处可选，择优录用，买方市场下施工企业较长时期享有着人口的红利。

随着市场的进一步成熟，社会上的劳务公司应运而生，劳务企业在适应市场中也逐步地走向成熟和进一步分化。劳务企业中有文化的农村青年逐步增多，技术和管理人员的比例逐步增大，在竞争中有了更多的话语权和选择权。劳务分包的价格快速攀升，供需开始失衡，建筑业的人口红利和原有的买方市场逐步消失。

近年来，住房城乡建设部提出了取消劳务资质，发展专业作业企业的要求，其本意是做强总承包企业，做专更多的专业分包企业，促进大企业培育自有劳务队伍。可以把这一改革理解为螺旋式的上升。但是在具体执行中这项改革进展缓慢：一方面是多数新生代农村青年不愿再从事建筑业艰苦的工作，劳动力断档矛盾突出；另一方面是多数总承包企业不愿意再养活大量的劳务人员。这是一道难题。

经济高质量的发展需要高素质的产业工人队伍，高素质的队伍需要长期正规的学习培训，需要身份的归属，需要稳定的生活，况且工地劳动者本来就是建筑生产力的重要组成部分。在劳动力尤其是技术工人越来越成为稀缺资源的现状下，建筑企业有必要思考，如何付出一定的代价和成本为未来聚集人力资源，储备生产能力；

政府主管部门应研究出台合理消化农民工身份转换中的社会成本，同时又能减轻企业负担的相关政策。

二、建筑业全面深化改革的几点思考

中国进入了新的时代，深化改革、创新发展成了建筑业转型升级的永续动力。建筑业只有站在国家全局的高度，树立新的发展理念，才能在新一轮改革中找到光明的前景。

1. 改革要始终围绕行业高质量的发展

高质量的发展要坚持质量第一、效益优先。要适应新时代消费市场宜居、绿色、环保的需求，全面推进建筑产业现代化水平，在转型升级中重塑"中国建造"的品牌。目前，施工企业的利润率长期在低水平徘徊（尤其是大型国企，平均只有3%左右），这一现象不正常，与企业固有的体制、机制都有关系。创新是企业发展的灵魂和动力，要优化企业业态布局，做强、做精产业链条，避免盲目地追求规模和多元经营。

2. 改革要在供给侧结构改革上探求新的出路

所谓供给侧结构改革，对于建筑业来说，其实就是从供给方（也包括国家政策层面）加快改革调整，以适应市场发展的新需求。首先要把建筑物全寿命周期管理提到议事日程，从政策层面改革与完善工程建设组织模式，消除原有的体制障碍，促进设计与施工深度融合，推动工程总承包管理全面实施。要加强市场立法，规范PPP运作，持久地营造鼓励企业投资、建设、运营一体化的商业环境；其次要深化企业体制和机制的改革，完善法人治理体系，创新用人机制，探索建立多种薪酬分配制度，释放企业发展活力。

3. 改革要遵守市场和建筑生产力运行的规律

改革一定要从实际出发，遵循建筑市场发展的规律，遵循生产力发展的规律。例如，推行建筑产业现代化过程中，提出加快工厂化生产、装配化施工，方向是正确的，但还是要尊重市场上的供求规律，如果不在引导新型消费、创造更优美环境上下功夫，只盲目发展 PC 生产工厂，便会形成新的产能过剩。又例如，施工生产发展到一定的阶段，原有的项目管理模式有的就难以适应，只有深化工程建设组织模式的改革，才会推进项目生产力的发展。

4. 改革要把文化与诚信建设提到议事日程

新的时代要求将行业与企业的文化建设摆在重要的位置。要在行业强化诚信建设，加大对于失信的惩戒，才能营造起健康发展的市场环境。要持续弘扬工匠精神，工匠精神不仅具有技术上精益求精的内涵，更主要的它是一种文化，是一种全民族都要融入血液、身体力行的文化素养。中国要成为建造强国，就必须使全行业认同和力行这种精神文化。

放眼新的时代　重塑中国建造

一、"中国建造"提出的时代背景与文化内涵

过去的三十多年，在改革开放的大环境下，我国建筑业快速发展，建造能力不断增强，产业规模不断扩大，对经济社会发展、城乡建设和民生改善做出了重要贡献，已经成为我国经济发展的支柱产业。

但从行业整体发展来看，工程质量的信誉度还不高，传统的建设模式和施工方式与国际先进水平比还存在着较大的差距，房屋建筑的宜居性和舒适度还不能满足人们日益增长的消费需求，操作工人的文化水平和技术素质明显不适应建筑科技发展的时代要求。

党的十九大指出，我国经济已由高速度增长阶段转向高质量发展阶段。必须坚持质量第一、效益优先，以供给侧结构性改革为主线，推动经济发展质量变革，效益变革，动力变革。为了推动建筑业供给侧结构性改革，促进建筑业持续健康发展，国家第一次提出了打造"中国建造"品牌的要求。"中国建造"这一概念的提出，是在我国建筑业经过几十年快速发展，取得了巨大成就的物质基础上提出的，是针对建筑业发展道路上出现的矛盾和问题提出来的，是在中国经济社会已经进入到新时代的关键点提出来的。

在新时代的背景下，"中国建造"应该有着新时代的内涵：建筑业要秉持新的发展理念，转变发展方式，坚持质量第一、效益优

（写于 2017 年 11 月 10 日，该文发表在《中国建设报》等报刊上）

先，不断提高创新力和竞争力；建筑业要以节约资源、保护环境为先导，调整产业结构，创新施工技术，为新时代的绿色生活方式提供更多的优质产品，以满足人民日益增长的优美生态环境的需要；建筑业要树立行业的文化自信，弘扬民族精神和时代精神，弘扬企业家精神和工匠精神，推进诚信建设，提升产业队伍的素质。"中国建造"不仅仅是体现着新时代中国建筑的质量品牌，更是要展现新时代中国的民族精神和建筑行业的精神文化。

二、"中国建造"必须突出质量和效益优先的原则

党的十九大报告非常突出地强调要转变发展方式，坚持质量第一、效益优先。这说明我国经济发展以增长速度和 GDP 论英雄的时代已经结束。建筑业依然如此，应该在反思中迅速调整以往的思维。

在经济新常态下，新增房屋建筑总量在减少，人们对于房屋建筑的品质要求越来越高，对其功能要求越来越宜居，对绿色建筑和优美环境的需求越来越迫切。这种新的市场需求应该引起建筑行业的高度关注。在这种情况下，新的质量管理概念应该贯穿于建筑全生命周期，从固定资产的投资开始，到规划、设计、施工、使用，再到建筑物生命结束，都应该做到质量稳定、效用最大、成本最低。

要使建筑产品能够适应新时代消费市场的需求，必须要建立起一个更高的质量标准。这就是，建筑质量不仅要有总体的合格标准，还要有细部精准的要求；不仅要求质量符合施工图纸设计，更要求使用功能符合业主宜居的消费需求；不仅项目在质量验收时合格，更要在全寿命周期中经受时间的检验。建筑物从建造结束时的质量验收，一直到建筑物寿终正寝，整个过程中能源的消耗、环保等附加功能的使用，都应力求做到高品质、高效率。在转型发展的时代要求下，应逐步将这样的质量理念贯穿于建筑生产经营的全

过程。

　　行业的质量品牌建设要适应新时代的要求。目前一个工程项目在行业获得优质工程奖比较容易，而一个企业的整体工程质量要得到市场的承认难度还很大。往往是某一栋楼房的质量安全事故带来的负面效应比整个行业每年获取一百多项鲁班奖的影响都要大许多。社会不断增长的消费需求迫使企业不能将眼睛只盯在打造几个精品工程上，而要致力做好企业总体的产品品牌，在整个市场竞争中树立起企业质量的新形象，在整个行业树立起"中国建造"品牌的新形象。国家优质工程奖的评比，也要从评品牌项目逐步转向评选品牌企业。从这个意义上讲，企业和整个行业有了更高的质量目标，"中国建造"就有了立身的市场基础。

　　要坚持效益优先，其实有两个方面的问题要解决。一个是建筑行业要改进经营管理，提升企业法人的营业收入利润率。大家都知道，目前企业的利润率长期在低水平徘徊（尤其是大型企业，平均不到3%），这一现象不正常，与企业的体制、机制和集约经营管理都有关系。在新的发展阶段，这一问题应该引起重视，并得到实质性的解决，使效益优先落到实处。另一个是国家《建筑法》要修改，在坚持质量优先的原则下，政府应该出台优质优价的市场管理办法，更好地体现效率与公平，更有效地推动产品质量的提升。

三、"中国建造"要在持续改革开放中前行

　　我国建筑业三十多年的快速发展得益于国家改革开放的政策，得益于引进和学习国际先进的管理和技术。建筑业在新时代的进步和发展，同样要继续坚持改革开放，继续学习和吸收国际上现代化的施工方式和管理经验，而且要举一反三，加快超越。

　　一是学习先进，尽快补齐。我们学习和引进西方的先进施工技术一般比较容易，学习引进先进的建设方式和管理方式就比较困

难。这实际已经影响到我国建筑业的现代化发展水平。例如建筑全寿命周期管理的建设方式，只是提出了一些概念，实际运行的依然是投资、规划、设计、运行分段管理。就是现今流行的 PPP 管理模式，有的已经演变为地方政府变相举债建设，施工方投资、建设一体化的美好梦想还是缺乏可靠的法律保障。又例如目前大力推行的工程总承包施工模式，也仅仅在很小的范围运行，改革成效甚微。这些先进的管理方式直接影响着建筑品质的提升，影响着行业的发展进步。要想"中国建造"走向世界，就必须在生产关系上深化改革，在政府层面进行政策的再调整，使我国的建设组织方式有较大的突破。

二是讲求实际，为我所用。我们既要学习国外先进的施工技术和施工方式，更要善于总结自身几十年来的切身经验，切不可盲目照搬教条。例如建筑产业的现代化，有许多部位和环节需要创新和改进，不能只盯住装配化的施工方法。就是装配化的施工方式，也要因地制宜、因时制宜、因企制宜。钢结构装配施工可以多一些；非承重部位装配施工可以多一些；多层建筑装配施工可以多一些。有人说学习日本的装配化施工，其实日本多数建筑的装配施工都是从低成本、低消耗、高效率的原则出发，在本企业工法研发的基础上循序渐进的。

三是走出国门，挑战强手。中央"一带一路"的发展战略为建筑企业走出去指明了方向。我国建筑企业走出去经历了输出劳务、输出技术、提供援助、扩大市场几个阶段。经过几十年的发展，从中央到地方，已经走出了一批技术成熟、管理先进、资金雄厚的跨国型企业，这些企业追赶着现代的建筑科技，代表着中国的建筑品牌。随着中国全面开放新格局的逐步形成，我国将有更多的建筑企业走出国门，扩大国际合作，输出管理，输出技术，输出标准，输出品牌。不仅是在发展中国家有我们的市场，在发达国家也要有更多"中国建造"的品牌，中国建筑业将会以骄人的业绩屹立于世界之林。

四、"中国建造"要注入创新的机制和动力

经济建设进入高质量的发展阶段，创新成了第一发展动力。建筑业要高质量地发展，"中国建造"要屹立世界，也必须将创新作为第一动力。

首先，要在工程建设模式上有所创新。经过几十年过度的开发，城市、乡村留给后代的有效资源已经不多了。党的十九大报告指出，必须坚持节约优先、保护优先、自然恢复为主的方针。以往工程建设各自为政，各行其是的做法应该结束，建筑物全寿命周期管理应该通过建筑法规和相关政策得到具体实施。建筑产权要长期稳定，工程设计、施工、运行维护一体化的建设模式应该加快推行。建筑施工企业应该成为新建设模式的市场主体。这其中属于体制、政策层面的改革，政府应该担起责任。如果在体制、政策上没有创新，工程建设模式原地踏步，建筑生产力高质量发展一定会受到阻碍。

第二，要在建筑市场监管上有所创新。通过近几年简政放权的改革和质量安全的严管，建筑市场和施工现场有了一定的起色。但是招投标市场的违规行为和建筑工地质量安全事故依然较多。这主要是在建筑产能过剩的状态下，相当一部分企业素质不高，主体责任不到位形成的。在新常态下加强对市场的监管，一定要把重心放在信用体系建设上来。党的十九大提出，要强化社会责任意识、规则意识，推进诚信建设。要逐步改革行业信用评价办法，将重点从评优转向治差。对肆意违规的企业，敢于及时曝光，严肃处理，果断清理出市场。这样才能引起人们对规则的敬畏，引导企业对诚信去坚守。

第三，要在施工方式上有所创新。施工方式的创新不仅仅只有

装配式建筑一个文章可做。创新对于传统、庞大的中国建筑行业来说，既要有先进的技术、材料和施工工艺，也需要有相适应的需求市场和较低的企业成本。例如，被动式超低能耗建筑的研发与推广，模架体系的改革与创新，外墙板及隔墙板材料的深化创新等等。在推行装配式建筑时，要考虑市场渐进发展的现实，也要考虑企业的实际承受能力。在不断提高的老百姓需求中寻找行业的创新点，可能更符合现实。例如外墙板和隔墙板的轻型化、低成本问题；例如装修和安装的标准化、简捷化问题，人们期盼着减少投入和浪费、降低噪声和粉尘的污染，这一领域的装配化、标准化研发就应该加快步伐；又例如绿色建筑，大家都将眼光投放在新建建筑上，岂不知中国既有的大多数老住宅并不"绿色"，而且要长期生存，如何适宜地解决外保温问题、电梯问题、环境问题，提升旧建筑的使用功能，这其中都有许多满足老百姓新需求的技术研发问题。

第四，要在企业管理体制上有所创新。改革开放以来，项目管理基本上实行的是承包责任制。不承包，项目要亏损；承包了，企业也收不到应得的利润。因此便有人提出法人管项目的概念，可企业利润率还是长期徘徊在较低的水平。不少地方也在搞项目股份制的探索，这些都需要研究，国有企业层层设利润蓄水池的时代恐怕应该结束了。今天，中国的农业生产都已经逐步进入到集约经营，建筑业的施工管理体制是应该与时俱进了。要通过混合所有制和经营者入股等方式进行企业产权体制改革，充分调动市场资源，强化企业对项目的法人管理，提升法人企业的利润收益率。

五、"中国建造"要与弘扬民族文化同行

习近平讲，文化自信是一个国家、一个民族发展中更基本、更深沉、更持久的力量。要更好地构筑中国精神、中国价值、中国力

量。"中国建造"的提出，本身就饱含着文化的自信，饱含着中国的精神和力量。重塑"中国建造"品牌，不仅仅是在市场展示建筑产品的质量，更是在弘扬一种民族的自信和民族的精神文化。

铸造中国建筑的品牌，承载优秀的传统文化，需要从建筑规划与设计的源头做起。要在面向未来的基础上，继承好民族优秀的建筑理念，认真汲取中国传统建筑的风格和元素，在与西方建筑的交融对话中不断发展中国的建筑文化。在城市规划设计中牢固地树立保护和弘扬民族传统文化的理念；树立以人为本、以用为先的理念；树立生态宜居、最大限度利用好既有城市建筑资源的理念。

铸造中国建筑的品牌，承载优秀的传统文化，需要新一代高素质的建设者。中国有5000多万建筑从业者，能够称得上是优秀经营管理者、称得上是优秀建筑工匠的还是太少，况且建筑行业里还有一大批未受过正规培训的农民工。这是建筑业高质量发展最为突出的矛盾。因此，加强建筑行业和企业的文化建设，提升建筑行业的整体素质，成了新时代建筑人的当务之急。

建筑企业的文化建设，当前要把激发企业家精神、弘扬劳模精神和工匠精神作为重点，建筑行业整体素质的提升要把传承鲁班文化作为重点。

激发企业家精神，就是面对经济新常态的挑战，勇于创新，敢于担当，要树立新的发展理念，不断追赶和超越国际上先进的施工方式和施工技术，在推进我国建筑产业现代化的进程中有所发明，有所创造，有所成就。

工匠精神不仅具有技术上精益求精的内涵，更主要的它是一种文化，是一种全民族都要融入血液、身体力行的文化素养。中国要从制造大国走向制造强国，建造强国，就必须使每个国民认同和力行这种精神文化。

工匠精神内含着沉重的社会责任和职业品格。成熟的企业不仅要把眼光放在几个"大工匠"和一些技术含量较高的部位，更要在建筑产品的所有部位、在建筑产业队伍的所有岗位提倡工匠精神，精益求精、重视细节、追求卓越。企业都能以此作为自身的发展战略，行业的信誉和形象就将会焕然一新。

在全面建成小康社会、夺取新时代中国特色社会主义伟大胜利的征程中，我们要自觉地加强建筑行业文化建设，助推行业转型升级和高质量发展，使"中国建造"真正走向世界，使中国成为名副其实的建筑强国。

站在新方位看建筑业未来的发展

中国经济发展历史性地进入到了一个新的阶段和方位。在稳中求进的总基调下，站在新的经济方位上观察，建筑业和其他许多去产能的行业一样，都面临着诸多矛盾和发展的困境，也有着新的历史机遇和应该深入思考的问题。

一、建筑业当前发展的困境

1. 产能过剩与产业结构的失衡

建筑业狭义的产能过剩我曾经讲过，就是在市场上有一定的资质，追逐利益的各类法人企业太多，而实际上具备相应生产力水平、能够提供有效服务的企业较少。从广义上看，建筑业的产能过剩应该是，表现在队伍上，是一般的、低水平的总承包企业过多，造成了市场上的过度竞争；表现在产品上，是三、四线城市商品房（也包括部分保障房）过剩，去库存的压力很大；表现在资金上，是投资下降，企业应收款居高不下；表现在产业供给结构上，是一般的房屋建筑施工能力过剩，真正适应未来城乡发展的基础施工、环保施工、绿色施工、精准化服务的能力较弱。因此，建筑业面临着供给侧结构性改革的巨大压力。

2. 体制性矛盾导致的生产方式落后

前不久国家提出了建筑装配化的新目标，要求到 2025 年，城市新建建筑装配化率达到 30%。建设部早几年就提出要大力推行

（写于 2016 年 12 月 19 日，该文发表在《中国建设报》等报刊上）

工程总承包的 EPC 施工方式。大家都知晓建筑业生产方式的转变是一项带有根本性的改革，但是实际的进展用步履维艰去形容都显不够。实行工程总承包的前提似乎在审核特级企业时就已经解决，但实际上是一方面政府主导的多数工程并不想实行一体化的经营管理；另一方面是市场上多数、大型的工程设计还牢牢掌握在国有的或大型的设计院手中，在客观上形成了设计单位搞不了大型施工，施工企业做不了复杂设计。这是计划经济体制下的产物，自己套在脖子上的绳索总是难以很快解开。建筑装配化当前是炙手可热，各地都建立了许多的 PC 生产线和生产基地，但是市场需求的问题并没有有效地解决。而制约市场需求的还是引导消费的市场政策问题、施工配套的标准问题、绿色环境的政府控制问题等。体制和政策的滞后直接影响到生产方式的快速转变。

3. 建筑市场监管的表面化

应该承认在建设部的大力推动下，经过质量治理两年行动，建筑市场和现场都发生了很大的改观。但是，主要靠一级政府部门去每日每时地监管工地上各类专业资质的管理人员、去查看符合标准的劳务人员，恐怕不是长远之计，这还不算在统计中的弄虚作假现象。对建筑市场招投标的监管、对现场操作人员实名制的监管，确实还有许多值得政府部门研究的问题，尤其是对农民工的管理，不仅仅是一个简单的人数、资质、工资问题，更是一个关系企业长远生产力资源能否持续的问题，是关系到解决一亿农民工身份归属和融入城市的问题。

4. 行业的征信体系建设滞后

对于快速发展中出现的种种问题，企业大都将其归咎于市场，归咎于社会。唯独很少认真地想一想这里还有一个社会与企业都共同存在的问题——诚信问题。诚信是人的立身之本，诚信也是建筑业健康发展的基石。虽然信任缺失是双向的，但这种不信任大都又指向施工企业，这种认识又有着较为普遍的社会认同基础。诚信的缺失不仅影响到施工企业的正常运营和发展，降低了社会的效益和效率，干扰了市场上的正常秩序，还严重地损害着社会的公平和正义。诚信建设已经是当前社会和企业发展逾越不过去的重要问题。

5. 行业文化缺失应该引起高度重视

行业文化是一个行业内大家普遍认可、共同尊崇的一种操守，一种精神，一种执业态度，一种价值取向。当前，国家经济发展进入到新常态，建筑企业转型升级、进行供给侧结构性改革面临着新的考验。建筑产业通向现代化的道路上许多带有根本性的问题需要我们重新审慎思考。在行业管理、企业经营、产品服务中的诸多矛盾和问题都与行业的文化建设有着明显的因果关系。许多企业片面追求市场的影响力，过多地看重规模，盲目扩张的问题；一些企业经营者总是希望能够轻松取巧，寻找捷径，削弱了企业法人应有的约束与管理，侵蚀了企业的品牌与文化的问题；一些企业失去信用，违背合同承诺，违规转包工程，随意拖延工期的问题等等，文化的缺失已经严重地影响到行业的健康发展。

二、在经济新方位下对建筑业未来发展的一些思考

我国经济在新常态下提出了新的发展理念，建筑业受到国家政策与体制的影响较大，因此，必须顺势而为，用新的发展理念，站在新的经济方位上思考建筑业未来的发展。

1. 转变生产方式要从体制和政策上入手

所谓供给侧结构改革，对于建筑业来说，其实就是从供给方（也包括国家政策层面）调整，以适应社会与市场的新需求。这里分三个层面：

一是在国家政府层面，要把建筑物全寿命周期管理提到议事日程，从资本投入效益的最大化出发，建立策划、设计、投资、施

工、运营、维护一体化的管理体制。建筑全寿命周期管理原理和认识都容易理解，最难实行的是建筑投资管理体制问题，是城市规划管理体制的问题。目前的体制弊端是，投资管理主体不确定、不稳定，很难体现科学的、具有可持续性的建筑物的使用功能和全部价值。这样，就没有人能够实际上为建筑物的运营成本控制和最大效能发挥负责任；规划体制的多变，使得政府领导常常从政绩出发考虑城市规划，滥建高层，滥拆民居的现象时有发生，建筑物往往不到年限就"寿终正寝"，根本谈不上科学的价值管理。因此，要在全社会推行绿色建筑，进行建筑物全寿命周期管理，就必须从固定资产投资和管理体制改起，加快推进建筑物投资管理责任制的形成，加快推进项目的工程总承包管理方式，从而达到最大化地节约社会资源，促进建筑业科学的可持续发展，从制度上根本性地改善人的居住环境。

二是为建筑业建立完整的市场环境。我国目前的建筑行业实际还不完全是一个完整的产业，建筑产品被规划、设计、开发、施工、维护等五个部门所分割，施工企业很难在建筑产品上独立地贴上自己企业的标签。国际上发达国家的许多承包商都是独立地完成设计施工，有的还参与建筑物后期的运营和维护。一体化的建设（或者叫全方位服务）能最大限度地节约成本，提高产品的运营效率，与全寿命周期管理相一致，政府应该为企业创造一体化建设运营的条件，这也符合未来不断提升的消费需求。

三是在政策上扶持先进的生产方式。建筑业供给侧的改革，就是改革旧有的生产方式。政府目前正在全力推进的 PPP 商业模式，要为企业搭建好平台，扶持有条件的企业尽早地进入施工、运营一体化的良性循环，从而逐步形成建筑产品全寿命周期管理的新格局。一定要避免将政企合营作为一种单纯融资的合作方式，更不能无视合同的法律地位，用后期的审计取代市场约定。使用 EPC 的承包模式由于体制的后遗症，目前还较困难，但政府所有工程只要能列入试点范围，将会有力地推进此项生产方式的改革。

2. 建筑装配化要适应市场，防止盲目性

国家推动建筑产业现代化的发展规划是正确的，产业生产方式的现代化可以提高效率、减少污染，节约人力的好处也是不言而喻的。问题是要把握好几个关键点，避免人为的盲目性。其一是政府要引导市场消费。市场要在资源配置中起决定性的作用，在装配建筑生产销售中仍然如此。目前政府计划内的保障房项目已经处于尾声，不可能有更多的机会用计划房屋去激励企业。但是，在城市一定区域限制现浇混凝土施工、在较好的地段规划装配式建筑、装配式建筑群降低容积率实施政府补贴（不是奖励容积率）、装配式建筑精装修一次到位等政策，都可以引导新的消费，关键是让人们愿意去享受现代化的宜居环境；其二是不要盲目多处建设部品生产线。目前许多地方由政府出面，规划和要求企业建立 PC 生产基地，一个省少则十几个，多则几十个，且不说市场目前的需求，就是企业的成本，恐怕是短期内也难以收回，过去每个企业都建混凝土加工厂的教训应该汲取，要循序渐进；其三是要完整理解建设部产业规划的要求。装配化、标准化一定不要将着眼点都放在混凝土 PC 生产线上。钢结构的装配化施工不仅已经有了几十年的发展史，而且还有着更多的发展前景。国外建筑的维护结构、装修工程、安装工程、甚至是家具设备部分采用标准化设计、装配化施工的做法更值得我们借鉴。

3. 完善企业服务功能，为城市"双修"服务

最近建设部会议提出了开展"双修"，促进城市转型发展的要求，这对于建筑业是一个很大的利好消息。修复城市自然生态，修补老城区的环境品质实在是人民群众多年的期盼。这是一个庞大的系统工程，既需要一大批企业参与施工，更需要施工企业延长产业

链，加入到规划、设计、咨询服务环节中来。我国的建筑不可能永远在增加 GDP 的道路上浇筑混凝土，目前确实到了完善和提高城市品质的阶段，到了存量竞争的时期，市场需要细分，施工服务也需要细分和完善。企业一定要抓住机遇，用心研究"双修"，提升精准服务能力。这对施工企业既是供给侧改革的新考验，也是一次提升建筑服务功能的一次机会。

4. 重视建筑产业工人队伍的建设问题

建筑劳务产业化是千百万农民工的共同心声。农民进城务工推进了城市化的进程，城市化的扩大又需要大批农民工加入进来。新生代的进城务工人员虽然身份是农民，但他们的生活习惯、思维方式早已同城里人没有大的区别，他们期盼着用勤劳双手建起的城市有自己生存和发展的空间。建筑劳务产业化，就是要使千百万农民通过素质的提高和自己的努力，稳定地在一个企业服务，并且有自己的地位和尊严。进城务工人员没有归属感，就谈不上工匠精神的形成，也谈不上工程质量有永恒的保证。更为根本的是进城务工人员没有归属企业（包括稳定的劳务企业），就解决不了 1 亿进城务工人员身份转换，进城落户的问题。各级政府和大型企业都要通过市场调节和积极引导，使劳务企业逐步进入合理的专业层级，让进城务工的各类进城务工人员根据自身的实际相对稳定地在某一个企业工作。真正使进城务工人员有归属感，在城市安居乐业，成为城市的建设者和新主人。

5. 注重文化建设，提升行业信誉

建筑行业出现的一些弊端，究其根本，还是发展的理念问题、风气问题、价值观问题，总起来说是行业文化与企业文化的问题。我们说，抓几次严格的质量安全检查，可以促成几个文明工地的产生；培养几个优秀的项目经理，可以建成若干个典型的优质工程。可是要在所有的工程上体现出企业的品牌，要在企业转型升级中有效地实现互联网大数据管理，要在整个建设领域体现出行业的信誉，靠的就是文化的力量，是对一种文化与信念的坚守。政府主管部门加强监管也要从具体的查人、查事转向重信誉度，促自觉性上来。加强行业文化建设就是每个企业、每个执业者都要自律，都要遵守市场秩序，遵守公共规则，严谨实在地做事。在国家经济进入到新常态、建筑业面临转型发展的新阶段，重新塑造建筑行业与企业的精神文化与价值观，着力打造行业新的发展动力，就显得非常迫切与必要。

鲁班是建筑行业传统文化的代表。我们宣传鲁班文化，其核心就是要更好地弘扬工匠精神，以鲁班作为一种象征，以建筑行业文化建设为契机，来推动行业在新常态下实现转型升级，为建筑业的持续发展服务，为建筑的长远历史负责。通过潜移默化的文化建设，使中国建造能走向世界，使中国成为名副其实的建筑强国。

遵循市场规律，加快建筑业的优化升级

——学习党的十八届三中全会《决定》的体会

党的十八届三中全会做出了全面深化改革的决定，这一决定为未来全面建成小康社会，实现中华民族伟大复兴的中国梦指明了方向，也为未来我国建筑业的优化升级指明了方向。

《中共中央关于全面深化改革若干重大问题的决定》指出，市场决定资源配置是市场经济的一般规律，健全社会主义市场经济体制必须要遵循这条规律。因此要紧紧围绕使市场在资源配置中起决定性作用深化经济体制改革。我国的建筑业无疑也要遵循这一经济规律，加快传统产业的优化升级。

1. 依照供求规律，解决好建筑业产能过剩与过度竞争的问题

我过去在有些地方讲过，建筑业的供大于求，表面上看是入市的施工企业过多，僧多粥少，但本质的原因却是未按经济规律办事，市场管理的效果违背了其初衷。市场上过度的竞争实际上是非正常的竞争，追逐利益的建筑法人企业多，而能提供有效建筑服务的企业少，这就是供方的现状。正因为表面供大于求、实际生产力内涵又显不足的现状长期存在，才会在市场上发生不规范、非理性的行为，发生大量的联营和挂靠的现象，才会出现种种弄虚作假、招投标不规范的弊端，才会发生此起彼伏、接连不断的质量安全事故。那些有经济、技术实力的企业不是太多，而是太少。如果"加快形成企业自主经营、公平竞争，消费者自由选择、自主消费，商

（写于 2013 年 12 月 22 日，该文发表在《中国建筑业》等刊物上）

品和要素自由流动、平等交换"的环境，将施工企业进入投标的选择权放给业主或投资者，让市场真正自主地选择工程承包企业，而政府更好地发挥"严管"的作用，下决心治理违法、违规的问题，落后的产能和劣质的企业将会被市场淘汰出局，建筑市场的竞争将会被逐步地净化，市场秩序也会逐步地规范化。

2. 运用价值规律，提升企业的服务功能和发展能力

《决定》中说，"必须积极稳妥从广度和深度上推进市场化改革，大幅度减少政府对资源的直接配置，推动资源配置依据市场规则、市场价格、市场竞争实现效益的最大化和效率最优化"。长期以来，人们都在埋怨建筑产品价格偏低，企业利润太微。这里固然有市场过度竞争带来的压价因素，但是仔细分析，也有目前建筑产品技术含量较低、施工服务功能水平不高的原因。建筑业的所谓转型升级，其实就是施工管理的价值再造，是服务水平和服务功能的进一步升华。比如，创新适应市场需求的企业工法；形成自觉的绿色施工的高品质现场管理；提升工程总承包一体化的施工服务；增加业主长远需求的维修运营管理，延长建筑物的寿命周期等。提升施工企业的服务功能和发展能力，近期看是要付出一定的成本和代价，但从长远看，却是提升了企业的市场竞争能力，提升了自身的价值，也肯定会得到市场优质优价的回报。

《决定》在讲到科技体制改革中说，要打破行政主导和部门分割，建立主要由市场决定技术创新的机制。建筑产业化也是建筑业功能提升的重要方面，必须要适应市场需求，由市场来主导，大型企业要着眼于发展自身的集成技术，走设计、加工、施工一体化的产业发展的道路。政府和企业都要结合产业化中绿色、低碳的要求和营建成本的实际，依据市场规律，逐步引导对产业化建筑的市场需求，循序渐进地发展，不可一哄而上，盲目推进。

3. 遵循竞争规律，稳步推进国有施工企业的体制改革

《决定》提出，"国有资本、集体资本、非公有资本等交叉持股、相互融合的混合所有制经济，是基本经济制度的重要实现形式，有利于国有资本放大功能、保值增值、提高竞争力，有利于各种所有制资本取长补短、相互促进、共同发展"。公有制改革的本质其实是要以多元化的资本构成去激发资本的持有者从关心自身利益的角度关心和推进企业的发展。这就会形成新的企业机制，形成较强的市场竞争能力。从一般现象上分析，建筑业的多数民营企业活力很强，但技术水平较低，规模普遍偏小；而国有施工企业规模快速攀升，但管理机制不活，企业利润率偏低。企业发展到今天已经不是谁进谁退的问题了。要取长补短，相互融通，提升企业竞争能力，再造企业混合所有制的新体制。国有施工企业的二次改制要注意自觉地引进产业链中上下游的合作者，适当增大员工尤其是经营者持股的比例，实现国有企业资本的社会化和证券化。

国家要进一步"放开竞争性业务，推进公共资源配置市场化"，这将预示着建筑市场的竞争会更加激烈。因此，国有施工企业只有彻底从体制上动手，增强企业的经营活力，才可能在经济社会全面的改革中立于不败之地。

4. 适应市场，加快建立职业经理人制度和薪酬制度的改革

国有施工企业必须适应市场化、国际化的新形势，解决好人才使用和薪酬制度改革的问题。《决定》中说要"建立职业经理人制度，更好地发挥企业家作用"。今后的人才使用和流向将更趋近于市场化，优秀的企业家和职业经理人作为一种稀缺资源，将成为社会上相对独立的生产力要素，因此国有企业要增加市场化地选聘人才的比例，搞活内部的用人机制，为各类人才发挥作用创造更加灵活的机制与平台。管理和技术人员的职业化必然带来薪酬市场价值的均等化。过去国有企业人员是固定的，拿的是企业的工资，企业

的好坏决定个人的收入水平；今后企业人员是流动的，市场决定同样技能的专业技能人员可以得到同样的工资。个人的执业能力和价值可以得到市场的承认，分配的概念就超出了企业的范畴。从某种意义上讲，社会已经进入到有执业能力的技术管理人员挑选企业的阶段。因此，打破人力资源管理的封闭化，加强人才的跨条块、跨领域交流，就给建筑企业提出了新的人才竞争的挑战。

5. 抓住城乡一体化建设的机遇，调整好企业的两个结构

一是调整好企业的经营结构。《决定》提出，要建立城乡统一的建设用地市场，允许农村集体经营性建设用地出让、租赁、入股，实行与国有土地同等入市、同权同价。要赋予农民更多财产权利。中央最近研究了我国的城镇化问题，将要出台《国家新型城镇化规划》。新型城镇化建设成了今后若干年建筑业的主战场，因此，企业要认真分析未来城乡一体化的发展趋势，顺应市场变化，抓住新型城镇化建设和新农村建设推进的机遇，抓住优化城市空间结构和管理格局、增强城市承载能力的机遇，以智能、绿色、低碳为发展方向，调整自身的经营结构和商业模式，为未来的城乡一体化建设提供新的增值服务；二是调整好企业人力资源结构。《决定》提出要推进农业转移人口市民化，逐步把符合条件的农业转移人口转为城镇居民。这也就是说，未来将有大批在城市服务的农民，包括建筑业的进城务工人员转为城镇人口。随着户口的落入，必然会带来对就业岗位稳定性的追求。而大型施工企业发展到今天，也急需要有自身相对稳定的劳务队伍，因此，重新设计企业人力资源的结构，发展和培养优秀的产业工人队伍，就成了大型企业必然要研究的重要课题。

6. 遵循市场开放透明的规则，加快建筑业诚信体系建设

《决定》提出要建设法制化营商环境。由此看来，诚信体系建设对于我国的市场经济和建筑业的发展都到了必须要解决的关键时

期。一方面政府要更好地发挥作用，改革市场监管体系，建立健全社会征信体系，褒扬诚信，惩戒失信；另一方面，企业尤其是大型施工企业要担当起率先讲诚信、守法规的社会责任，用品牌和诚信塑造企业新的市场形象，增强未来市场的竞争能力。当前，建筑施工企业反映最为强烈的问题是所谓业主、社会强加在施工企业身上名目繁多的保证金问题。其实解决这一问题的根本办法还是施工企业要建立起市场的信誉，社会要认同企业的信誉。这也是从实践中得出来的基本结论。供大于求的买方市场现状短期内难以改变；国家的建筑法规要等待时机的成熟才能修改（这一时机也包括建筑企业整体行为自律的改善）；目前唯一能有效解决问题于施工企业自身。这其实也是一种竞争，一种无形的竞争，一种诚信价值的竞争。有眼光的大型企业，在发展自身实力的同时，要把建立市场和社会的信誉放在更加突出的位置。要在市场经营细节中树立企业讲信用的形象；要在施工过程中体现更周到、细致的服务；要在与业主交往中寻求长远的合作共赢利益；要在与对手竞争中体现出信誉上的差异优势。大企业的诚信行为不仅可以为自身赢得宽阔的市场，也有助于推动行业的诚信风气的形成。

中央刚刚召开了经济工作会议，提出了新的一年经济工作的目标和任务。建筑施工企业也将迎来新一轮的改革浪潮。每个施工企业都要在新的形势下解放思想、与时俱进，一切从自身的实际出发，使企业真正成为改革创新的主体，努力推进行业的优化升级。

认识质量管理新特征 把握质量治理主动权

质量，是工程建设永恒的主题，也是建筑业常谈常新的话题。质量管理问题在当前经济新常态下以及在建筑业转型升级的大背景下，我觉得应该赋予它一些新的内容，需要建筑业同仁一起来思考和研究。

一、当前，社会和市场对工程质量的要求呈现出了多样性

1. 逐步完善的建筑市场对行业的质量管理提出了新的要求

住房城乡建设部开展的"工程质量治理两年行动"，主要是针对目前有些企业信誉不高、有些工程质量不高这一基本事实而采取的必要措施。在经济新常态下，建筑，尤其是房屋建筑总量在减少，人们对于房屋建筑的品质要求越来越高，对其功能要求越来越完善，对绿色建筑的需求越来越迫切。这种新的市场需求应该引起建筑行业的高度关注。在这种情况下，对质量管理的概念，应该贯穿于建筑全生命周期，从固定资产的投资开始，到设计、施工、使用，再到建筑生命结束，都应该做到效用最大、成本最低。现在这个问题还没有从根本上得到解决，但这确实是整个社会对建筑市场和建筑行业提出的新要求。

2. 科技进步的大趋势以及建造方式的改革对行业的质量管理提出了新的要求

纵观全球经济发展，发达国家已经进入工业 4.0 时代，我国也

（写于 2015 年 8 月 1 日，该文发表在《中国建设报》等报刊上）

提出了"中国制造2025"计划，我国建筑业到目前为止只能被称为"半现代化"的行业，其建造方式相对落后、新型建筑材料的应用缓慢、建造工艺相对落后，这样的状态，远远不适应国家科技进步的需求。我国目前提出的建筑产业现代化，提出的绿色建筑的目标，都是建立在标准化、信息化的基础之上，都是要贯穿建筑全寿命周期管理的理念。建筑科技的进步和建造方式的改革必然对工程质量的提升提出了更严格、更精细、更全面的要求。

3. 企业在市场上的竞争也对质量目标提出了新的要求

习近平同志最近在长春考查时强调："质量是企业的立身之本。"一个工程项目在社会上得到承认比较容易，建筑业整体工程质量要得到社会的承认目前还有难度。企业的一个项目做到高品质比较容易，企业所有的工程都做到高品质却非常困难。往往是某一栋楼房的倒塌比我们整个行业每年获取一百多项鲁班奖的影响都要大许多。目前，社会的发展要求企业不仅仅要打造几个精品工程，更要求企业做好总体上的品牌，在整个市场竞争中树立起企业的质量品牌形象。从这个意义上讲，企业应该有更高的质量目标要求。

二、经济新常态下对提升工程质量应该有新的思考和行动

1. 建筑质量管理的观念应该有新的调整

当前，要从整体上、从长远上、从内涵上更深刻地认识质量问题，重新审视质量管理对建筑业的理性要求。一方面，我们要狠抓现场质量控制，保证建筑产品的质量过硬；另一方面，我们要使建筑产品能够逐步适应发展了的消费市场的需求，建立起一个更高的标准。这就是，建筑质量不仅要有总体的合格标准，还要有细部精准的要求；不仅要求质量符合施工图纸设计，更要求使用功能符合业主需求；不仅项目在质量验收时合格，更要在全寿命周期中经受时间的检验。建筑物从建造结束时的质量验收，一直到建筑物寿终

正寝，整个过程中能源的消耗、环保等附加功能的使用，都应力求做到高品质、高质量、高效率。在全行业转型升级的时代要求下，我们应逐步将这样的理念贯穿于企业的生产经营中。

2. 要从设计、策划入手，从源头上、从根本上控制好工程质量

工程质量是做出来的，更是设计和策划出来的。如今，整个行业都在向工程总承包转型，政府部门鼓励工程总承包首先要在政府投资的项目上开展，我的看法是，工程总承包在能够开展的地方都要开展，使设计和施工能够尽早做到一体化，从根本上解决设计施工脱节的问题，从根本上扭转由于设计不良和设计不到位引起的工程质量问题。做好项目开工前的质量策划是保证整个工程质量的关键。目前做得好的企业在施工现场挂出工艺牌，并对质量通病防治办法进行展示，让操作人员都来了解质量通病，这本身就是提前策划，使工程质量从一开始就处于可控的状态。

3. 要逐步实现标准化生产和精细化施工，彻底解决顽劣的质量通病

标准化是质量管理的基础，也是建筑产业现代化的基础。我国多个地方都在推行建筑工厂化生产、装配化施工的试点。在工厂生产的部品比较容易做到标准化，现场的安装也比较容易做到标准化，但是装修的标准化，装修现场的环保、绿色目前还很难做到。渗水、漏水问题也是建筑业的顽疾，有统计显示，我国大部分建筑项目都存在渗水和漏水的现象，这种顽疾得不到根治，全社会对建筑业的不良看法就不会有根本改变，社会上滥收保证金的行为还会找到存在的理由。其实诸如房屋渗漏这样的质量通病通过实施严密、精细的施工工艺完全可以杜绝的。从某种程度上说，精细施工不单是技术问题，更是作风问题，是职业责任问题。所以说，标准化生产、精细化施工是建筑业的生命所在。

4. 切实加强对农民工的培训，提升建筑产业工人的基本素质

目前建筑业面临的现实是，在某一个项目上如果用了素质比较高的劳务队伍，这个工程的质量就能得到保证。这也从一个侧面说明，建筑业技术工人成了紧缺资源，素质普遍较高的劳务队伍亟需建立。住房城乡建设部在《关于推进建筑业发展和改革的若干意见》（征求意见稿）和新《建筑业企业资质标准》中明确要求建筑企业必须要有自己的建筑产业工人，但是对于劳务企业没有提出类似要求。我的看法是，大型企业必须要有自己高素质、高水准的技术工人，但更多的产业工人应由劳务公司培养、输送。每一个产业工人都应该相对稳定在某一个企业生产和生活，每一个工人都应该受到应有的素质培训。产业工人必须要相对稳定在某一个企业工作，要有身份的归属感，没有归属感的产业工人不会生产出好的产品。产业工人的地位有了保障，生活与住房有了着落，职业技能得到了培训和提高，建筑产品的质量就能从根本上得到保证。

工程质量决定着建筑业的市场地位，决定着企业的竞争能力，整个行业都来精心思考，都去身体力行，我国的工程质量一定会取得突破性的进展。

对建筑市场管理条例（征求意见稿）的几点建议

1. 条例征求意见稿从总体看是与时俱进，它总结了近些年建筑市场管理的问题和矛盾，更加强化了对市场主体的约束，体现了公正性的进步，也体现了建筑市场管理的科学化与秩序化它的出台，必将对建筑市场的环境治理和建筑业的持续健康发展起到积极的推动作用。

2. 条例对于违规的认定要体现得更具体一些才具有操作性

（1）条例规定要加强政府对招投标的监管，建立信息公开制度，加强诚信体系建设。以往的大量事实说明，政府要诚信记录，几乎所有的企业都有了信用的冠名；政府需要审查资质，平日基本不具备生产能力的企业也很快就有了高等级的资质。真是上有政策，下有对策。在市场上如何具体地、在每件事上鉴别信誉的好坏，鉴别企业的实际能力，确实是需要精细化监管的事情。

（2）关于肢解工程的问题。一方面是业主违规。将工程肢解分包，但往往又能做到非总包单位主观意愿，却以总包方的名义签署业主指定的分包合同，这样的行为如何处罚？另一方面，是施工企业的违规。市场监管对于联营挂靠基本上没好的鉴别方法。联营挂靠的存在，其实还有着更肥沃的土壤条件。

（3）对垫资行为的认定。征求意见稿进一步认定了建设单位要求施工单位垫资施工的非法性，但又缺乏对建设单位履约付款的具

（写于 2013 年 2 月 15 日，应邀为中国建筑业协会上报的书面建议）

体规定和监督措施。

总之，对于违规行为要能具体地鉴别，并做到市场主体不能有任何缝隙和借口去逾越，这样的制度才好操作执行。

3. 要在提高执行力上下功夫

条例的出台，肯定会得到所有诚信企业和业主的欢迎，同时大家也会有一个共同的疑问，这就是：条例能严格执行吗？

影响执行的最大问题是能否对建筑市场主体给予同等的待遇。处罚施工企业监管部门已有相当成熟的经验，但对于建设单位，执法就往往苍白无力，希望此次条例出台，能公正严格地执法，如此才能营造出一个健康、规范的市场环境。

其次，再好的制度也要由人去执行。为此，建设主管部门要有配套的监管措施、专门的鉴别受理的人员、处罚与公示的办法等等。制度执行中有偏颇并不要紧，最怕的是在制度面前八仙过海，各显神通，制度成为摆设品。例如，招投标法已经执行几年，大家似乎都在"遵纪守法，按程序办事"，但这其中隐藏着多少违规的行为？

再次，要从制度建设、社会道德与思想文化上长期下功夫，加强诚信机制建设。诚信行为的普及，一靠教育宣传，二靠严格的监管。在严格、具体、无缝隙的制度约束下，诚信的企业会越来越多。相反，在冠冕堂皇、并不严格执行的法规面前，讲诚信的企业就会越来越少。

制约建筑业发展的主要矛盾分析

建筑业是国民经济的支柱产业，同时又是我国的传统产业。在国家调整经济结构、推进传统产业转型升级的今天，研究建筑业的产能问题和市场调整问题很有必要。

一、供求矛盾是市场经济中的基本矛盾，也是当前建筑业发展中的主要矛盾

供大于求是建筑业近几十年一直存在的问题。引起产能过剩的主要原因有三点：一是国家持续高速增长的经济发展。连续20多年不断增长的固定资产投资成为拉动GDP增长的主动力，居民住宅和基础设施建设超速发展给了建筑行业极大的诱惑，施工队伍的增长速度甚至超过了建设规模增长速度；二是人所共知的，建筑业是一个低门槛的行业，投资量少，装备容易，审批更容易。大量的农村建筑队伍和民营施工企业迅速发展并涌向了城市建设；大批东部"建筑之乡"了施工企业，看准了西部大开发也涌进了中、西部的城市；三是国家专门为铁路、公路、航天、化工、核工业等计划性很强的专业领域配备了施工力量，他们在专业投资计划大量调整，体制发生变化后，也将经营的触角伸展到一般房屋建筑领域。这样，就形成了在中国的任何一个像样的城市，都集结着成百上千家施工企业。每个工程的招投标，就像政府招收公务员一样，万人挤过独木桥，使得政府主管部门常常疲于奔命，难以招架。长期供

（写于2013年7月28日，该文发表在《中国建筑业》等刊物上）

大于求的市场状态不仅给政府的正常监管造成了压力，更主要的是给行业的发展造成了巨大的障碍。

二、产能过剩的背后隐藏着不规范市场的种种弊端

供过于求是市场存在的一个方面，甚至是一种表面的现象。为什么这样说呢？让我们透过表面过于拥挤的市场来剖析，就会发现，在某一个城市或地区，过量的施工企业其生产力内涵到底是什么状况呢？真正具备较雄厚资金实力的施工企业有多少，真正拥有完整的、高素质的施工能力的企业有多少，企业内真正掌握并能实际上岗的一级项目经理和建造师又有多少？也就是说，真正能够以完整的生产力面对市场的建筑施工企业并不是过剩，而是远远不够！施工企业多而实际生产力薄弱，或者说是追逐基建投资利润的法人团体多，而能提供有效建筑服务的企业少，这就是供方的现状。正因为表面供大于求、实际生产力内涵又显不足的现状长期存在，才会在市场上发生不规范、非理性的行为，发生大量的联营和挂靠的现象，才会出现种种弄虚作假、招投标不规范的弊端，才会发生此起彼伏、接连不断的质量安全事故。例如，在投标过程中，非理性报价、围标串标、买标卖标以及工程中标后违法转包、违规挂靠等行为大量存在；部分并没有实际管理、技术力量，没有施工队伍的空壳企业，甚至以围标卖标作为自己的"主业"。这些企业的不良行为，严重扰乱了建筑市场的秩序，也较大地影响到当前建筑业健康的发展。

三、政府职能改革滞后，既滋长了建筑市场的各种弊端，又加剧了市场的供需矛盾

市场供大于求长期存在的根源还在于市场体制和政府职能改革的滞后。政府职能改革的确是一个牵一发而动全身的事情，比较困

难。但是，建筑市场供需失衡的矛盾已经给行业发展造成了很大的威胁，政府职能不改革，只会加剧这一矛盾。政府要下决心进行改革，还是可以有所作为，改善建筑市场的管理。

所谓通过改革和管理获取红利，实际上是国家和企业都能受益的红利。一个是管好政府该管的事情。比如，管理好每一个企业的入市，管理好每一次的招投标，这显然忙不过来，但管好两头总可以的。对有实力的、诚信度高的企业，给开更多的绿灯，为其铺平市场道路，安全可以理直气壮；对实际施工能力和管理能力差、不讲诚信、给业主和社会造成损失的企业予以严格的处罚和果断的清退，不应该心慈手软。对于压在企业头上名目繁多的保证金问题，对于业主随意肢解工程、要求垫资压价的问题，政府其实可以通过对市场诚信的维护，通过对业主不当行为的约束，逐步予以解决；另一个是放手政府管不到位的事情。比如我国现行的招投标办法，本身就有许多不完善的地方，工程招标参与方越多、环节越多，腐败滋生点就越多，也就越难以控制。本来只要管好业主和投标单位就行了，现在增加个中间机构招标代理，初衷是维护市场的公正和公平，但实际上却把赢利为目的的代理机构摆在市场的主体位置让自己找饭吃，使得招标人的暗箱操作更加隐蔽，代理机构还可以从中分得一杯羹，根本无法保证招标代理的公正立场。在招标代理机构的"专业运作"下，围标、串标更加隐蔽，更加难以监管，这真是乱上加乱。招投标法规定工程投标单位不得少于3家，各部委要求不得少于7家，到地方政府则规定不得少于12家，甚至还有实行资格候审的，动辄数十家一起投标，这其中花掉了多少国家的、企业的、个人的无谓开支，加大了多少市场交易的成本，又隐藏了多少腐败行为！中间环节和参与者越多，牵涉的利益和内幕交易就越多。要从根本上改革招投标制度，就应该尽量减少中间环节，在制度的设置上让围标失去意义，还招标的主动权于业主，让招标过程更加透明，这样也许市场就更容易规范，更易于管理。

四、解决行业发展的主要矛盾需要进行综合治理

1. 要加快建筑业这一传统行业的结构调整和转型升级

要认真分析未来国家经济发展和结构调整的走向，研究固定资产投资的重点和消费拉动的主要领域，客观地分析当前产能过剩的症结，加快企业尤其是大型建筑企业的转型升级。每个施工企业都要寻找自身将来所处的位置和调整的方向，避免过度竞争带来的市场风险。

2. 要从政策的顶层设计解决问题

国家要吸收企业和各个市场主体的意见，尽快出台《建筑市场管理条例》，给政府主管部门严格执法创造条件，给施工企业创造更加宽松的经营环境。进而要加快修改《建筑法》，要有效地约束业主的行为，给建筑企业以市场上公正的待遇和公平的地位。

3. 政府主管部门要改革行政审批和监管制度

在一个地区，面对数千施工企业，如何实施有效的监管，这的确是一个难题。在宽进严管的基础上，还是要抓住两头，为优良企业入市和发展创造宽松的环境，对在招投标、施工中严重违规的企业，就要像工业治理那样，果断地实施关、停、并、转，从严处罚，对违规的行为不留任何空间。

4. 行业协会和施工企业，要切实实施行业自律，开展新时期的诚信建设

大型施工企业要在诚信建设中做出表率，共同来净化建筑市场，创造和谐共生的市场新环境。

建筑产业化与建筑生产方式的转变

感谢《中国建设报》社和山东建筑业协会给大家提供这样一个交流的平台，上午听了五位领导、专家关于企业转型发展的演讲，深受启发。下面我就建筑业产业化问题与建筑生产方式的转变讲一下个人的观点，我可能站在企业的角度讲问题，难免有偏颇的地方，请大家共同探讨。

一、基本概念

建筑产业化有关领导已经讲清楚了，在这我简要地说，就是利用标准化的设计，工厂化的生产，装备化施工和信息化管理来建造房屋的现代化的生产方式。现在大家也在争论到底是该叫建筑工业化还是建筑工厂化还是建筑产业化，我个人的看法，建筑工业化建设部也确实这样提过，但是也有不同的看法。农业上说农业工业化，农业永远都是农业，农作物永远都是在土地上生长的；建筑物也是永远生长在土地上的东西，它的建筑产品多样化和一次性是工业所没有的，所以它的本质特性仍然是建筑业，建筑业这个名词永远会有。所以我说建筑产业现代化可能更加全面。建筑产业现代化与建筑生产方式的重大转变，是传统产业转型升级的机会。最近俞正声主持的政协会议研究建筑产业化问题，这标志着中央将建筑生产方式的转变摆在了重要的位置。

（写于 2013 年 11 月 5 日，在第十一届中国建筑业高峰论坛上的演讲）

二、建筑产业化的意义

今天上午建设部的领导已经讲了，我也非常同意。这里面我想重点强调：第一，绿色环保和节能的要求，许多旧有施工方式导致的能耗比例过大（接近50％），以及城市雾霾悬浮物质的增多，专家们认为已经到了非治理不可的阶段。万科集团有一个统计，如果用45％的绿色来施工一个项目，工地的扬尘要比传统的施工减少60％以上。大家都需要呼吸新鲜的空气，而建筑工地带来的污染问题已经引起了各方面的高度重视，这应该是非常现实的一个改革原因；第二，节约人工降低劳动成本。据有些企业统计，进行工厂化的生产和装备以后可以节约人工达到近50％以上，这是在劳动力成为稀缺资源的今天，产业化的调整就显得非常有必要；第三，有利于保证工程质量和使用寿命，关系到老百姓的切身利益。标准化的施工可以提升建筑物的性能和品质，现在有些人就说，建筑物买下来寿命50年，那么，地敷热地暖是多少年？上下水是多少年？屋面、室内防水是多少年？在发达国家都是有一个非常标准的统计和使用寿命说明，而我们的建筑产品很难给出用户这样的一些说明。所以标准化的施工需要完善，下一步建筑产品寿命周期的管理要提到议事日程，要研究投资人的收益问题，要研究投资价值回收问题，建筑产业化就能够更好地解决建筑物全寿命周期管理问题；第四，有利于建筑生产方式的转变和企业的转型升级。三中全会现向企业给出了一个继续沿着市场化道路前进的信号，现在建筑企业都要赋予一定的社会责任，在转型升级中要改善建筑环境，既注意缩短工期，又要注意科学的精细管理，同时企业要进行技术进步，要实行集约经营，产业化就有利于企业的转型升级和企业的资源整合。

三、建筑产业化在我国的发展历史

实际上建筑产业化是一个新问题也是一个老问题，在 20 世纪 50 年代学习苏联的建筑技术，就提出过这个问题，也做了一些规模较小的试点。在 20 世纪七八十年代开始在全国推广装配式的建筑施工，一大批住宅大板楼被开发了出来，比如像北京市现在二环、三环边上的，大家可以看到的那些大板楼它依然存在。我所在的企业在 20 世纪七十年代到八十年代也建了许多的大板楼，但是这些大板楼人们不太喜欢使用，多数已经被重新更换掉了，主要问题在于保温问题、抗震问题没有解决，尤其是居住的舒适性问题，使得工厂装备化的生产方式逐步冷却。那么在 1999 年国务院又以推进住宅产业化为题，从规划到节电、节水、节财，包括企业化工厂化都做了规定，但实际上那个时候也没有做起来。近几年，在住房城乡建设部的支持下许多城市和企业开始这方面的试点，有万科、远大、中南，还有清华大学以及现在沈阳、南京这些试点的城市都做得比较好。目前还有十几个城市纷纷向建设部提出要求希望能够加入到试点的行列。

四、国外建筑市场产业化的情况

我想在这里说一下，许多专家说发达国家的建筑产业化比例已经达到了 60% 以上，日本的比例尤其高。日本的建筑产业化基本情况我想在这里简要地介绍一下，我在 20 世纪 90 年代初期到日本专门去看了建筑工地的项目管理及工厂化的施工，日本的基本情况是：建筑产业化是建立在企业集成技术之上，它以提高效率、效益为目的一种部品加工和现场施工相结合的现代化生产方式，比如像一般的框架施工，框架的主要部分是现浇，正在施工的叠合板是用工厂化的加工。部品的加工与现场的混凝土现浇是灵活处置，并没有比例上的限制。标准化最为典型的是安装与装饰工程，预留的孔洞，瓷砖的模数，都有标准化的要求。卫生间，经常就是一个整体被镶在混凝土空间中。日本的建筑施工的装配率唯一考虑的就是效率和效益。

五、目前在我国建筑产业化遇到的问题

我认为有这样几点：第一，社会认知度不高，没有形成一定的市场。现在工厂化的生产不到 1％，主要还是地方政府用行政手段在推动；第二，缺乏统一的规划和建筑标准，推动速度比较慢；第三，建造成本高，企业参与积极性不高。像西安在做这个工厂化的预算就是每平方米要高出 300～500 元。万科在深圳的试点，深圳应该做得很好，它的保障房现在每平方米控制就是超出成本 300 块钱，这就是一个问题；第四，建筑管理体制相对滞后。现在的产业化还停留在政府让一部分企业搞构件加工，一部分企业搞现场施工，市场上自然的产业链没有形成；第五，缺乏相对应的政策支持。

六、建筑工厂化的市场适用性问题

我认为这是一个最核心的问题。第一，市场决定建筑产业化的发展。三中全会讲，市场在资源配置中要起决定性的作用，它在推进建筑产业化中仍然要起决定性的作用。建筑产业化既然是一种新的生产方式，那么它也是一种新的消费方式，是逐步被市场所接受的消费方式，这种消费方式是需要引导的。一厢情愿不行，施工方认为很好，但是在消费方除了现在保障房的使用者是政府在安排，一般商品房的消费者的意愿如何需要研究，要引导消费，所以说对新型建筑使用和消费需求是社会大环境发展的未来需求，它是一个长远需求。这里面有环境问题，也有社会问题。当然也是施工企业

转型发展的一个长远需求，它已经到了要加快推进的阶段；第二，从近阶段看主要在住宅领域发展，住宅建筑的工厂化与装配化，起步阶段各个城市都在做，但是基本上做的是保障房和普通住宅，目前建立在这个层面是可行的，而且有保障房的这个发展契机，我认为在政府推动引导下，这个事情就比较好做，沈阳市和万科集团的实践也说明了这一条。万科集团在几个城市的试点大多数都是90-100平方米的房型；第三，建筑工厂化的适用性问题。根据国外的经验，建筑工厂化加工可以覆盖到各类建筑，尤其是公共建筑和工厂的建筑、钢结构、轻钢结构，更适宜工厂化的加工。所有能够节约成本提高效率、减少污染的施工环节，尽可能都要在工厂完成。实现规模生产，能大大扩展市场需求，有一定的规模才会满足市场的需求。或者反过来说，有了更多的市场需求才能引导工厂化的规模扩张，这是一个相辅相成的关系。

七、推动建筑产业化需要好的市场环境和政策支持

第一要有政府的好政策，启动市场需求现在是一个问题，刚才我讲了市场要引导，起决定性的作用，但是在开始的时候政府要引导这个市场。怎么引导呢？就是保护建筑业的价格补贴政策，在土地使用方面的优惠政策，环境保护、税收优惠的政策，开发贷款的优惠政策，以及鼓励消费者购买的优惠政策。有些地方已经出台了消费者如果购买装配化的产品还可以获得补贴的政策；第二个问题是国家要尽快出台标准和有关的规范，现在都是地方在做，国家的动作比较慢，实际上这里面的核心问题就是一个抗震问题，保温问题已经基本上解决了。在高层建筑上，国家和地方都非常慎重。但是我的看法，没有必要搞很多的高层，现在中国的高层住宅不是少了而是多了，甚至有些将来要成为一堆建筑垃圾。建筑产业化的起步阶段，还是在多层，小高层和保障房上多做些文章；第三，要有

绿色建筑环境方面的制度来推动。用制度保护环境是三中全会提出来的一句话，许多城市在限制现场搅拌混凝土时，就提出在城市一定的范围内不允许现场搅拌，这就促成了商品混凝土市场的产业化。所以说建筑的工厂化也可以在一定的区域限制，提出限制噪声和污染的要求，这样就能用刚性的手段推进工厂化的生产；第四，要加快建筑管理体制的改革，提高企业的工程总承包能力。大型建筑企业要加快企业转型，成为工程总承包的主力。政府要加快建筑管理体制的改革，现在的设计和施工都不能一体化，下一步要形成设计、施工、加工一体化就更加困难，这样的管理体制必须改革，这是给建筑生产方式的变革创造条件的一个重要基础。

八、大型企业要成为推进建筑产业现代化的市场主体

第一，要适应绿色建筑的发展，加快企业的转型升级，大型企业要推进建筑产业化，承担起这个社会责任；第二，扩大工程总承包的内涵，实施新时期的集约经营，就是在工程总承包里把工厂加工的内容也要放进去，实际在国外的大型企业，他们就是这样做的，这样做才真正能够形成高效的产业链条，降低工程成本；第三，统筹安排，降低产业化成本。在这个问题上，我建议凡是要做长远的企业，都应该逐步投入，循序渐进。一下子搞很多的工厂，却没有那么多的部品生产，没有那么大的市场需求，资金链就会断裂。从环境和企业的实际出发，统筹安排，调整好部品的加工比例，优化施工成本，可以从外墙板，叠合楼板以及楼梯等这些地方开始，工厂化的装配率开始可以低一点；第四，推行设计，施工和加工一体化工程总承包，最大限度地降低生产成本，最终目标企业还是为了赚钱，既要赚钱还要提高效率；第五，开发先进的工法，提升企业集成技术。现在建设部经常讲要提高企业的集成技术，实际上企业的工法创新和建筑产业化是链接在一体的东西，建筑工法

是产业化的生产力基础，企业就要从工法研究开始，从加工到现场的施工，要有成套的施工技术，这样才能形成企业的核心竞争能力。

最后我要讲，建筑产业化要遵循经济规律，循序渐进地发展。首先，态度上要积极学习世界上先进的生产方式，迎接新一轮的改革开放；第二，要认真总结我国建筑历史上工厂化的经验和教训，搞了一段为什么又停下来了，最主要是市场的适用性问题。要时时刻刻研究市场，适应市场，最后要引导市场；第三，在实践中不断优化生产流程，提高产业化的施工效率；第四，要从实际出发，逐步投入，降低施工成本；第五，要遵循市场规律，既要有足够的决心和魄力，又要做长期不懈的努力。中央领导同志前不久说，大家对推进建筑产业化在企业中节水节能、降低污染、提高效率方面已经形成了重要的共识，要按照转变经济增长方式，调整优化产业结构的要求，制定和完善推进建筑产业化相关的政策法规，要积极抓好落实。下一步就让我们共同努力，深化改革，来促进建筑产业现代化的历史性转变。

以市场引导建筑施工的产业化

建筑产业化，是业内目前研究和探索的热门话题。建筑产业化既对传统的建筑生产方式是一个重大的改革，也将对以绿色、环保为主要内容的新型城镇化建设产生深远的影响。在这里我谈几个方面的问题，希望能够引起有关方面的注意：

1. 建筑产业化与绿色施工的关系

建筑产业化是一个生产方式的问题，绿色施工则是一个施工管理的品质问题。建设部在今年的《绿色建筑行动方案》里提出，要推动建筑产品的工厂化和建筑业的产业化发展。也就是说，推行建筑的产业化，就是实行绿色建筑与绿色施工的重要内容之一，就能更好地提升建筑管理的品质。而满足绿色施工的社会与市场要求，必然地要加快改进建筑业的生产方式，推动现代建筑产业化发展的步伐。

2. 建筑工厂化的市场适用性问题

住房城乡建设部将建筑产业化目前的内涵概念定位于"住宅产业化"。万科集团实验对象的概念也是将建筑产业化新的生产方式注解为"住宅产业化是在开发建设领域通过设计标准化、部品生产工厂化、现场施工装配化，实现以工业化生产住宅的生产方式。"

以我曾考察日本建筑工业化的体会和对目前我国建筑市场的实际认识，认为有两点是需要说明的：一是在未来5～10年的起步阶段，建筑工业化的市场定位主要还是城市住宅建设，而住宅建设又

（写于2013年9月9日）

应定位在保障房和普通民居建筑。保障房建设的标准化容易实施，普通民居的户型较小，易于生产，万科实验的多数工厂化住宅大都是 90～100 平方米的户型。未来几年由政府拉动的保障房建设为建筑工厂化推行提供了最好的发展机遇。二是从长远来看，建筑的工厂化又不仅仅只是瞄准住宅建设一个领域。从日本及西方发达国家走过的路来看，由于具备生产效率高、节约劳务成本、减少现场污染等特点，工厂化生产建筑部品已经朝着多样性、市场化的方向发展。所有能够节约成本、提高效率的建筑物部品尽可能地都在工厂加工，这样就大大扩展了工厂化市场需求。

3. 建筑产业化生产应拓展的内涵

建筑工厂化与产业化还不完全是一个概念。工厂化是指按照建筑标准化的要求，在特定的生产场地成规模地加工生产建筑部品的生产过程。而建筑产业化，除了囊括建筑部品工厂化的生产之外，还包括建筑施工上游的科研开发、一体化的设计、环保、新型、低碳建筑材料的生产加工、绿色建筑的示范试验、环保节能的建筑设备选用等等。就是工厂化的加工，也不仅仅界定为钢筋混凝土的部品生产。根据未来的市场需求，建筑结构将呈多样性发展：除了钢筋混凝土结构外，还有钢—钢筋混凝土组合结构、钢结构、轻钢结构等等，因此，面对建筑业新一轮的转型升级，在总体设计上就要超出过去走过的老路（仅仅搞一个构件加工场地），在新的产业化发展方向指导下，要通盘考虑建筑产业园的规划和布局，工厂加工的能力也要朝着多样化的方向发展。这样也能增加企业对未来市场的适应能力与抗风险能力。

4. 要结合实际、统筹优化工厂化的施工成本

据测算，在目前的生产水平和施工环境下，以工业化的部品加工生产和现场安装，每平方米比传统施工的成本多出 300～500 元。虽然随着规模的扩大，成本还会进一步的降低，但成本较大无可避

免地成为了推进这一新的生产方式的现实障碍，这一问题值得认真研究。除了部品加工规模的扩大可以逐步降低成本之外，还可以考虑如下的途径：一是逐步投入，循序渐进。在刚起步的地区，没有必要将建筑物的所有部品都进入工厂化加工，先生产简易的部品，如叠合楼板、外墙板、阳台板等，其他则在现场加工，随着市场和规模的变化，再增加工厂生产的比重；二是依据建筑环境、交通运输条件等从实际出发，在优化成本的基础上不断调整工厂加工部品的品种和比例；三是推进大型企业实施设计、加工、施工一体化。这是赋予了新内涵的工程总承包生产方式，在这样的体制运行下，必然会最大化地降低生产成本，提升综合施工的效益。

5. 推动建筑产业化的政策支持与市场主体

为了推动建筑产业化的步伐，发展改革委、住房城乡建设部出台了 2013 年 1 号文件《绿色建筑行动方案》，各试点城市也都有一些鼓励的政策。其实最起作用的是两个方面的政策：近期主要是启动市场需求方面的政策支持：为建设单位、施工单位提供贷款、用地等方面的优惠政策；对于工厂化起步阶段工程造价超出市场的部分，出台适当补贴的政策（这些政策支持仅表现在保障房建设上，政府财政的压力不会太大）；将政府出资建设的保障房有计划地纳入建筑产业化的范畴等相关政策。有了政府政策的支持，就等于启动了地区建筑产业化的市场需求。

远期的政策主要是绿色建筑环境的约束。优化建筑环境本身就是城市和社会进步文明的公益事业，推动建筑产业化要靠宣传提高人们的认识，更要靠强制的政策和措施引导人们尤其是建设业主的行为。当年陕西强制要求建设文明工地，就解决了工地"脏、乱、差"的问题；强制二环内不准现场搅拌混凝土，就解决了应用商品混凝土的问题。建筑工厂化目的之一就是要优化建筑环境，对城市特定的区域和建筑物采取环境上强制的要求，就能为建筑工厂化推开一条道路。

除了政策支持外，最主要的还是市场主体的需求。政府作引导，企业为主体，应该是建筑产业化发展的方向。要鼓励大型企业尤其国有企业承担起这一责任，同时这也是实现企业转型升级的重要机遇。

6. 建筑产业化应采取循序渐进的发展方式

任何新事物都有一个认识和发展的过程，建筑业产品的工厂化在我省的建筑历史上曾经有过许多辉煌，也有过不少的教训。推动建筑产业化、工厂化既要有足够的决心与魄力，也要有长期不懈努力的准备。开始阶段企业要逐步投入，有目标地生产加工，在实践中不断改进技术和管理，持续优化生产流程。政府则要给予具体的政策支持，在开始实验的阶段，最大可能地减少税收，创造环境和条件，扶持重点企业尽快形成科研、生产和开发能力，引导和培育建筑产业化市场的尽快形成。

建筑施工企业应负的社会责任

　　企业，存在于市场，生活于社会。企业在创造利润、对股东承担法律责任的同时，还应该承担起对员工、消费者、合作者、社会公益、市场环境的一份责任。国有企业除了应负担一定的社会责任，还需要承担起国有企业的政治责任。

　　企业社会责任的概念最初来源于西方，但又发展于经济全球化的今天。彼得·德鲁克在他的《管理——任务、责任、实践》一书中专门写了一章《社会责任的限度》。他认为，一个企业家仅仅把企业做好还是不够的，还必须做好事。到了当代，世界经济有了快速的发展，人们对经济发展的期望边际效用递减，对生活质量则有了更高的追求，对资源消耗和环境污染的负面作用有了更多的了解，对经济不平衡发展所产生的一系列新的社会矛盾有了更深刻的认识。社会对企业有了更多的期待，企业的社会责任也就有了更为宽泛的内容。

　　大型建筑施工企业，商业服务广泛，社会辐射面大，产品的安全性、适用性连接着千家万户。建筑产品施工的周期长，较长时间影响着周边的环境。企业的分包、用工涉及众多的商家利益和农民工的生存。企业的效益直接关联着员工的福利和健康。国有建筑施工企业除了这些责任外，还要承担起职工稳定的责任。因此，理性地树立起社会责任的意识，积极主动地承担起社会应尽的责任，是当前大型建筑施工企业的一种义务，也是提升发展能力的一种

　　（写于2014年5月，该文发表在《中国建设报》等报刊上）

机遇。

1. 做好企业产品，把好社会责任的底线

彼得·德鲁克认为企业首先是做得好，然后是做好事，即企业最基本的社会责任就是把企业做好，这是企业履行其他社会责任的前提和载体。建筑施工企业以前就是技术含量低、劳动密集型的行业，在社会上的地位也比较低。近些年虽然有了较快的发展，但是在整个社会上的信誉还不是很高。因此，施工企业首先是做好自己的企业，要抓住国家经济和科技发展的机遇，加快转型升级，提高工程质量，完善市场服务，提供一流产品。做到这些，也就把住了承担社会责任的底线。

2. 关爱员工，提高员工的尊严和生活质量

企业内部本身就是一个小社会，每个员工除了与企业的劳动合同关系以外，大家还共同在一个集体内生活。除了得到企业的薪酬以外，还需要有做人的尊严，有自我价值的实现，有高质量的物质文化生活。建筑施工体制改革后我们否定了企业办社会、发展负担沉重的做法，但并不否定企业对职工生活、家庭、健康、文化的关心。因此，施工企业要在提高效益的基础上，坚持长远的、以人为本的发展理念，最大限度地满足员工自我实现的期望和愿景，不断改善企业员工的物质文化生活条件。特别要注重对稳定在企业内部的、进城务工人员转化过来的员工群体的培养、教育和生活文化上的关怀，使他们有一种归属感，有做企业主人的尊严。

3. 惠及分包，实现市场上的互利双赢

建筑业是一个很长的社会产业链，也是一个巨大的市场系统工程，包罗万象，涉及面广，行业的社会性非常突出。市场的规则讲求公平，社会上的合作需要和谐。建筑施工企业与招标中介服务方、业主方、勘察设计方、材料设备供应方、工程合作分包方等众多的市场主体建立了合作的经济合同关系，同时也就有了相应的社

会服务的责任。在市场细分的状态下，企业间的合作会越来越多，经济联系会越来越紧密。大型建筑施工企业在自身发展的同时，要承担起带动分包与合作的中小企业发展的社会责任。有了这种责任，市场上的合作必然能产生双赢的效果；有了这种责任，必然能推动整个产业在地区的发展与进步。

4. 参与公益，尽到大企业的社会义务

随着国家经济的发展，社会公益事业越来越受到人们的重视，它已经成为社会公民和社会团体的一种义务。大型企业应该在发展自身的同时，承担起更多的社会义务。积极地参与所在地区的各种公益活动，义不容辞地投入国家的抗震救灾、扶贫扶弱和大型募捐活动，带头参加地区的生态保护和环境治理，积极维护本地区社会稳定和治安秩序等。陕西的一些大型建筑企业几十年来在社会稳定和社会公益事业上为国家和地区做出了许多的贡献，取得了良好的社会声誉，例如1977年支援唐山地震灾后重建；1998年捐款支援遭受洪灾的湖南省人民；2009年赴陕南灾后重建；长期对口支援扶持陕北老区建设；在经营规模扩张的同时，每年带动几百万农民工就业等等，都是建筑业为社会、为国家在尽义务中做出的重要贡献。企业除了市场上的利益之外，奉公守法，善待社会，积极参加公益活动，勇于承担社会责，这是大型建筑企业立业的本分。企业在尽社会义务的同时，也提升了企业的外在形象，增加了企业的无形资产，增强了在市场上的核心竞争能力。

5. 绿色施工，创造生态和谐的城市环境

建筑施工企业创造合格的建筑产品，得到的是社会的承认；但在施工过程中造成的噪声、扬尘等环境污染，又是社会上反映强烈的问题。近些年陕西省建筑业兴起的文明工地建设活动，是建筑业的一大进步。标准化的施工工地，整洁的施工现场，人性化的生活设施，统一的企业标识，给社会和市民留下了良好的印象。随着新

型城镇化建设的推进，社会和群众对改善环境与生态的意识更加强烈，国家对于城市生态环境的要求也更加明确，因此建筑业的社会责任就更显突出。绿色施工成了社会和企业共同追求的目标。绿色施工就要求施工企业要在保证施工进度、质量的前提下最大限度地减少施工噪声和扬尘污染；就是要科学规划，尽量减少对居民生活和道路交通的影响；就是要节约能源，循环利用，减少施工的废弃物；就是要付出一定的企业成本去保护生态与环境。这既是一种社会责任的付出，又是一种企业创新能力的体现。大型建筑施工企业要有意识提升绿色施工的能力，为建筑业的同行做出表率。

6. 约束行为，带头推动行业诚信体系建设

诚信经营问题已经成为社会公众关心的突出问题，企业诚信经营就不仅是法人实体的市场准则，还应该是企业的一种社会责任。当前建筑业市场经营中的不诚信行为已经严重地阻碍了行业的进步和企业的发展，在某些地方还严重地影响到社会秩序。对待市场上出现的违规的问题，不讲诚信的问题，施工企业或者表现出自己的无奈，或者将这些弊端归咎于他人。目前的建筑市场其实是一个共同体，大家都在其中生存、竞争，行业的发展有施工企业的贡献，违规与不诚信行为也有施工企业的责任。要改善行业道德，净化市场秩序，市场主体首当其冲。大型建筑施工企业要带头强化市场行为的自律，提倡诚信经营，反对恶性竞争。推动社会风气的好转，改善市场的诚信氛围，反过来又是为企业自身创造了健康发展的环境与机会。

放管并重　抓好落实　促进建筑业可持续发展

住房城乡建设部正式出台了《关于推进建筑业发展和改革的若干意见》，这是建筑行业盼望已久的大事情。《意见》的出台，是建设部在认真研究分析了我国建筑行业现状以及当前建筑市场和工程建设管理中存在的突出问题后，及时开出的一剂"药方"，对促进全国建筑业健康协调可持续发展有着非常重要的意义。

一、《意见》突出地体现了从实际出发、"放管并重"的精神

《意见》第三条要求，"各地要严格执行国家相关法律法规，废除不利于全国建筑市场统一开放、妨碍企业公平竞争的各种规定和做法。"；同时要求"各地要加强外地企业准入后的监督管理，建立跨省承揽业务企业的违法违规行为处理督办。"前者是"放"、后者是"管"，对于跨省、跨地区承揽工程项目，在前期放宽准入，同时在中后期加强准入后的管理规范企业市场行为，放管并重，既解决了地域壁垒问题，又切中了治理的要害。

《意见》第四条要求，"坚持淡化工程建设企业资质、强化个人执业资格的改革方向"。在"简政放权，推进审批权限下放"的同时，"注重对企业、人员信用状况、质量安全等指标的考核，强化资质审批后的动态监管"。在资质标准和资质审批方面进一步"放"，在人员执业资格、资质审批后的动态监管方面加强"管"，

（写于 2014 年 7 月 18 日）

放管并重，放开了虚的外表治理，抓住了能解决的实质性问题。

《意见》第五条要求，"调整非国有资金投资项目发包方式，试行非国有资金投资项目建设单位自主决定是否进行招标发包"，同时要求，"各地要重点加强国有资金投资项目招标投标监管"。前者是"放"，后者是"管"。既能够明确监管重点，解决监管机构精力分散问题，又为非国有资金项目的建设方和承包方在时间和资金上有效减负，兼顾了效率与公平。

《意见》突出了"放管并重"，较好地体现了市场决定资源配置的改革精神，同时也体现了从实际出发，逐步推进行业发展的务实态度。

二、抓好《意见》落实的具体建议

"放管并重"是《意见》的核心理念，而如何结合各地实际情况，出台具体制度措施，抓好各项制度措施的落实，则是全面贯彻落实《意见》精神，推进建筑业发展和改革的落脚点。

1.《意见》第三条要求："全面清理涉及工程建设企业的各类保证金、押金等，对于没有法律法规依据的一律取消。积极推行银行保函和诚信担保。"目前普遍存在的农民工工资支付保证金、安全生产保证金，大部分为政府相关部门收取，缺乏法律法规依据，徒增施工企业负担，建议明文予以取消。对于《招标投标法》规定可以收取的投标保证金、履约保证金，应明确规定"投标企业（中标企业）以银行保函或商业担保形式提交投标保证金、履约保证金的，招标人应予认可。"

2.《意见》第三条要求严厉查处串标、挂靠、违法分包等行为。实际上这个问题既难界定，更难处理。最好的办法是逐步规范。一是强化项目人员执业的动态管理，严格施工现场的实名检查；二是加强企业项目成本的规范管理和严格抽查；三是将企业项目承包行为与诚信经营的记录结合起来考量。解决问题的重点不在形式上的追究，而在促进项目实际管理控制能力的提高。目前行业产能过剩是表象，本质是实际能力与外在资质不相符的企业过多，通过市场的信用评价和政府部门的严格监管，淘汰部分劣质企业是必要的。

3. 《意见》第六条要求，"各省级住房城乡建设主管部门要建立建筑市场和工程质量安全监管一体化工作平台"……"鼓励有条件的地区研究、试行开展社会信用评价"。建议建筑市场和工程质量安全监管一体化工作平台应与建筑行业诚信评价体系和信用信息平台合并建设，坚持"政府启动、市场监督、权威发布、信息共享"的原则，充分发挥政府、行业协会、企业等各方面的积极作用，建立和完善统一的诚信评价体系、统一的信用信息平台、统一的信用奖惩机制。通过市场监督，将企业基本信息、工程业绩、各种失信行为和违法违规行为记录在案，向社会公开并接受查询。同时利用该平台对企业资质实行动态监管，实行年度定期打分，以此来调整企业的资质升降。信用评价结果应与招投标管理办法结合，在工程招投标过程中对投标人予以加分奖励或扣分处罚，促使施工企业重视信用信誉，加强行为自律。

4. 《意见》第八条要求全面落实建设单位项目法人责任制。对建设单位执法的确是一个很难得事情。一是建设行政主管部门应对业主不合法的市场行为给予明确的界定。对"肢解发包""任意压缩合理工期和工程造价""带资承包"等违法违规行为明晰定义，便于公众监督。二是加强招标投标监管部门工作力度，对招标公告、资格预审文件、招标文件、招标最高限价、施工合同的合法合规性进行严格审核，对违规内容坚决予以纠正。三是要明确如何执法、谁来执法以及保护举报人的措施，敢于对违法行为亮出红牌，真正维护市场主体地位的平等与公正。

5.《意见》第十一条提出，规范工程质量保证金管理，积极探索试行工程质量保险制度。现行的工程质量保证金留置比例为工程总造价的 3%～5%，大部分项目按 5% 执行。2013 年，全国建筑业产值利润率平均仅为 3.5%，也就意味着施工企业的全部利润甚至一部分成本要在工程竣工验收合格后的 2～5 年才能全部拿到，这无疑给施工企业背上了沉重的包袱。建议应大力推行以银行保函形式实行工程质量保险，尽量避免以现金形式留置质量保证金，以减轻施工企业资金压力。

6.《意见》提出了建筑产业现代化及推行工程总承包的要求。建筑产业现代化的文章各地都在做，但是仅凭政策一时的优惠解决不了持续发展的问题。建筑生产方式的改革本身是对社会、对人类绿色环保有长远意义的事情，是用现期的成本去买未来的效益。因此，建议政府部门建立施工环境的硬性法规。推动建筑产业现代化，必须要有绿色建筑环境方面刚性的约束，用环保标准倒逼产业升级。工程总承包可以节约投资，提高效率，这是业界的共识。因此，推行工程总承包最好的捷径就是首先在政府投资的大项目上推行这种新的管理方式，并且将 EPC 的经营比例作为衡量大型企业资质的必要条件。

7.《意见》第二十三条提出了发挥行业协会的作用。建议政府部门在简政放权，推进审批权限下放过程中，充分发挥行业协会作用，授权行业协会负责执业人员资质考核审查、工程造价体系建设、新技术推广应用等项工作，参与对市场主体行为监督、诚信及信用评价等项工作。

建筑业深化改革的着力点

一、建筑业的产能过剩问题

1. 现象与本质

产能过剩的现象一是在计划经济时期各部门设置的建设施工力量目前形成的业务重复，数量较多；二是市场开放以后，由于门槛较低形成的队伍猛增。分析后发现，建筑业的产能并不像工业企业，主要体现在固定资产投资及生产设备上，而是主要体现在建筑施工的流动资金投入、技术管理和劳动力上。但是，目前具备一定资金实力、拥有足够的一级建造师的企业并不多，真正有综合实力的劳务队伍还是稀缺资源。那么是什么过剩了呢，是具有法人和施工资格、但是并不完全具备相应施工能力的企业过多。市场上过度的竞争实际上是非正常的竞争。追逐利益的建筑法人企业多，而能提供有效建筑服务的企业少，这就是供方的现状。正因为表面供大于求、实际生产力内涵又显不足的现状长期存在，才会在市场上发生不规范、非理性的行为，发生大量的联营和挂靠的现象，才会出现种种弄虚作假，招投标不规范的弊端，才会发生此起彼伏、接连不断的质量安全事故。

2. 对策建议

改革现行企业资质管理和招投标办法。既然建筑企业生产力主要体现在人才、资金和劳动力上，就要从人和资金的有效控制上解

（写于 2013 年 10 月 29 日，在"建筑业深化改革会议"上的讲话）

决市场的准入问题，并且要引导企业注重自身产能与市场扩张的平衡。我国现行的招投标办法，本身就有许多不完善的地方，工程招标参与方越多、环节越多，腐败滋生点就越多，也就越难以控制。本来只要管好业主和投标单位就行了，现在增加个中间机构招标代理，初衷是维护市场的公正和公平，但实际上却把赢利为目的的代理机构摆在市场的主体位置让自己找饭吃，使得招标人的暗箱操作更加隐蔽，代理机构还可以从中分得一杯羹，根本无法保证招标代理的公正立场。在招标代理机构的"专业运作"下，围标、串标更加隐蔽，更加难以监管，这真是乱上加乱。招投标法规定工程投标单位不得少于 3 家，各部委要求不得少于 7 家，到地方政府则规定不得少于 12 家，甚至还有实行资格候审的，动辄数十家一起投标，这其中花掉了多少国家的、企业的、个人的无谓开支，加大了多少市场交易的成本，又隐藏了多少的腐败行为！中间环节和参与者越多，牵涉的利益和内幕交易就越多。要从根本上改革招投标制度，就应该尽量减少中间环节，在制度的设置上让围标失去意义，还招标的主动权于业主，让招标过程更加透明，这样也许市场就更容易规范，更易于管理。

二、建筑生产方式的改革问题

（1）实行工程总承包（EPC）是国际通行的先进生产方式，也是节约投资、优化管理的一体化建设行为。首先应该由政府带头，在各地实行先进的建筑生产方式，由此来推动建筑市场建立新的消费增长点。

（2）整合设计施工力量，共同推动工程总承包，这应该是建设主管部门能够做到的事情。在市场和社会还不完全相信某一个企业能够独立完成工程总承包的现状下，由建设部出台设计、施工联合实行工程总承包投标的相关办法。

（3）建筑施工产业化是生产方式改革的又一个方面，推进这一改革既靠政府的政策扶持，也要靠大型企业主动转型的努力。这里也与工程总承包相关，按照日本的经验，大型企业在推行产业化发展中实施的是设计、施工、部品加工的一体化。因此，可以说推进建筑产业化又可以加快工程总承包的改革步伐和企业的转型升级。

三、新型城镇化宜居环境建设的规划问题

（1）一般城市住宅尤其是高层住宅严重过剩，这本身也是房地产产能过剩的另一种表现形式。宜居生活是未来新型城镇化建设的主要矛盾。

（2）城市小区规划容积率、密集度过高，占据和浪费了城市空间资源，或将形成未来的建筑垃圾。

（3）从规划入手，制止以财政需求和地产商牟利为导向的城市盲目建设，将宜居生活、宜居建设、节约城市空间资源的理念作为城市规划和建设的主要指导思想。

四、建筑物的全寿命周期管理问题

（1）全寿命周期管理是对业主长远利益负责、对国家资源负责、对环境和可持续发展负责的大事，应该提到建筑业发展的议事日程。

（2）要从体制上根本解决投资价值的管理问题。

（3）建筑业从推行工程总承包的生产方式做起，延伸产业链，逐步完善大型企业的建设服务功能。

推广绿色建筑要解决根本问题

认识和推广绿色建筑，是我国建筑业发展的一个进步。但是随着中国工业化、城镇化的步伐加快，经济发展质量和生态文明建设的问题越来越突出。城市空气的污染、建筑空间的密集、城市交通的阻塞、社会资源的浪费等已到了触目惊心的地步。因此有必要呼吁国家有关部门和社会各界共同努力，从根本上解决绿色建筑的规划、设计、施工和运行中的问题。

一、城市规划要服从于宜居和生态文明的标准

党的十八大提出，要加快建立生态文明制度，健全国土空间开发、资源节约、生态环境保护的体制机制。促进生产空间集约高效、生活空间宜居适度、生态空间山清水秀，给自然留下更多修复空间，给子孙后代留下天蓝、地绿、水净的美好家园。令人遗憾的是现在可以宜居生活的空间、给自然留下可以修复的空间已经不多了！交通沿线的城镇的小工厂已经连成了片，大城市密集的高层建筑、高容积率的住宅小区已经填充满了所有的空间。这些非宜居的建筑（许多还是空置率很高的）破坏了城市的风环境，增加了空气污染的因素，将来许多还会成为制造新污染的城市垃圾。问题的严重性希望引起高层的关注。城市规划和设计已经成为国家和大众切身利益的大事情。习近平同志说，规划科学是最大的效益，规划失误是最大的浪费。城市规划不能仅凭几个规划师，也不能受制于地

（写于 2014 年 2 月 28 日，该文发表在《中国建筑业》等刊物上）

方既得利益集团。城市规划必须要有宜居生活与生态文明的标准，必须要建立对环境起负面影响的长期责任追究制度。新加坡的面积小，但国家很注重城市规划的生态文明和人的宜居性，注重规划实施的持续性。它的绿色地带达到国家总面积的 47%，公园有 200 多个，是名副其实的"花园城市"。在生态文明的总要求下，城市规划一是要集约、高效地控制建设用地，合理设置城镇人均住房标准。要严格计算现有城市人口与现有房屋空间资源，避免高层、密集小区的盲目建设和房屋资源的空置；二是要加快解决城市交通和地下管网的布局，以提高城市承载能力和防风险能力；三是城市建设要开发出更多的绿地和公园，真正能实现宜居适度，山清水秀美好家园的未来梦想。

二、推动建筑产业现代化，实现建筑生产方式的绿色化

建筑设计标准化，施工装配工厂化是实施建筑产业现代化，实现建筑的节能降耗、减少环境污染、推动绿色建筑的具体体现。这里最主要的是把握好政府的引导推动作用和市场对资源配置的决定作用。政府的推动作用主要表现在两点：一是建筑标准的制定。一方面是标准涵盖的具体对象，不应仅限于住宅建筑。其实在发达国家，建筑的部品工厂化加工已经进入到大部分建筑领域，一切能够工厂加工、能够降低成本、提高效率的部品都实行工厂化加工，尽量减少现场的操作流程，减少污染和浪费。另一方面是标准要贯穿整个产业链，从设计、主体施工、建筑装修、设备配置等都要统筹考虑标准问题。比如，建筑室内空间设计就要考虑瓷砖的规格、模数，尽量减少现场的切割浪费和污染；二是政策的引导。一方面是建立优惠的政策，例如，在保障房等低端住宅上的价格补贴政策，在土地使用方面的优惠政策，环境保护，税收方面优惠政策，开发贷款方面的优惠政策，以及鼓励消费者购买绿色建筑的优惠政策。

另一方面是建立绿色建筑环境的硬性约束。李克强总理提出，要用环保标准倒逼传统产业转型升级。优化建筑环境本身就是建筑产业升级的体现，是城市和社会进步文明的体现。推动建筑产业化要靠宣传提高人们的认识，更要靠强制的政策和措施引导人们尤其是建设业主的行为。强制要求建设文明工地，就解决了工地"脏、乱、差"的问题；强制在城市一定范围内不准现场搅拌混凝土，就解决了应用商品混凝土的问题。对城市特定的区域在施工方式上采取强制的要求，就能为建筑产业现代化打开一条通路。

市场在建筑产业化的转型发展中将起到决定性的作用。这里面主要是市场主体的行为推动。建筑业在新的阶段，所谓转型升级，其实就是施工管理的价值再造，是服务水平和服务功能的进一步升华，是生产方式不断适应市场和大众对环境优化进一步的需求。有远见的大型企业都在寻求生产方式的转变。因此，要鼓励企业主动进入建筑产业现代化的实践，政府主管部门要创造条件，逐步增大产业内工程总承包的比重，支持大型施工企业率先走设计、施工、部品加工一体化的道路。企业要依照市场规律，从生产效率和经营效益的实际出发，不断优化现场施工和工厂加工的比例。这样，使我国建筑产业现代化的发展建立在以人为本的绿色施工的基础上，建立在市场配置资源的基础之上。

三、推广全寿命周期管理，确保建筑物的绿色运行

人们常看到的是建筑物设计与施工阶段的绿色环保问题，其实建筑物运行整个周期内的能耗与环保问题更为突出，尤其是运行期内对建筑物的随意改建、随意拆除所造成的浪费、污染等。建筑全寿命周期管理有两个主要的概念：1. 全寿命周期价值最大，周期内建筑物的贡献大于消耗；2. 全寿命周期成本最低。传统的概念是计算建设成本，而全寿命周期的管理模式是算清周期成本，有时

建设成本增大一点，可以使周期运行成本大大降低，例如，绿色、节能的建筑。建筑全寿命周期管理是节约资源和能源，生态文明和绿色建筑的要求，是人类社会追求进步和完美的要求，也是建筑业科学发展、完善服务的新要求。

建筑全寿命周期管理的关键环节是投资管理体制问题，是城市规划管理的体制问题。目前的体制运行的弊端是，建筑管理主体不确定、不稳定，很难体现建筑物科学的、可持续性的绿色运行和全部价值。这样，也就没有人能够实际上为建筑物的运营成本控制和设计效能最大发挥负责任。另外，规划体制的多变，使得地方政府常常从政绩出发考虑城市规划，滥建高层，滥拆民居的现象时有发生，建筑物往往不到年限就"寿终正寝"，根本谈不上建筑的绿色运行。因此，要全方位地推行绿色建筑，进行建筑物全寿命周期管理，就必须在全社会树立建筑全寿命周期管理的新理念，从固定资产投资和管理体制改革抓起，加快推进建筑物投资管理责任制的形成，加快推进项目的工程总承包管理模式，逐步走向最大限度地节约社会资源，促进建筑物与人的和谐相处，促进建筑业科学、可持续的发展，从制度上根本性地改善人的居住环境。

适应经济新常态　加快改革求发展

关于建筑业的改革，我去年以《国有大型建筑企业改革与发展》一书，回顾和总结地方大型建筑企业改革走过的历程，并且提出了今后建筑业如何转型升级。当前国家经济发展已经进入新常态，建筑业的高速增长和规模效益将要成为历史。在以后新的历史时期，建筑业必须要顺应国家经济建设的变化，实行全面的改革和转型，以求得创新和稳定的发展。

一是作为固定资产的建筑物管理体制改革，也就是建筑物全寿命周期管理问题。目前，我国的经济发展速度非常快，城市建设的速度更快。在城市日新月异的同时，城市建设的资源浪费问题也非常突出。在城镇化的专项调研中，我们发现很多建筑物使用寿命短、建筑物的维修改造没有规划、乱拆乱建现象严重，商品房包括保障房的空置率都比较高，造成了建设资源的极大浪费。现在我们都在提绿色建筑，我觉得绿色建筑首先应表现在规划、设计的绿色上，这是建筑物能否最大限度地发挥它全寿命周期效益、能否最大限度地减少成本支出的问题。

建筑物全寿命周期管理对建筑业来说是一个新课题，对于国家来说也是一个节约与保护资源的大问题。国家颁布了《物权法》，也即将实行有效的登记制度，这是大势所趋。我认为大家应该投入更多的精力去研究这一个涉及经济增长质量的大问题，使国家和个人投向社会的固定资产发挥出它最大的效益和效用，这也是当前绿

（写于 2014 年 11 月，该文发表在《建筑》等刊物上）

色建筑应该解决的一个根本问题。建筑物的维修、运营、管理和保护现在在发达国家引起了高度重视，因为它占的总成本比建造成本还要高。对建筑物的规划、设计和施工的优化，也包括运营期间的维修和管理等，都为建筑企业的转型升级提供了新的商机和发展前景。

二是建筑生产方式的改革即建筑产业现代化的问题。首先应该肯定，建筑产业现代化我们一直在做，在过程中既有经验也有教训。过去的装配式建筑在保温、抗震等问题上存在一定的短板，这是我们目前推进建筑产业现代化正在改进的地方。其次，实行装配式施工，市场需求和建造成本是目前需要解决的难题。党的十八届三中全会提出，让市场在资源配置中起决定性作用。政府的推动是非常必要的，但是政府不能代替市场，政府也解决不了企业的成本问题。装配式建筑的价格是由市场决定的，政府要推进这一工作，可以在引导消费、引导市场上多下功夫，同时从环境保护上出台硬性的政策约束，这样就会给产业的转型发展打开一条通道。

日本在建筑产业化方面发展比较有特色，其发展并不是盲目的，而是将装配式建筑和企业的施工工法结合起来，寻求效益的最大化。而我国目前发展装配式建筑的着眼点只在装配化本身，这是误区。我认为，建筑产业现代化应该从实际出发，逐步推进。要解决大型企业设计、施工一体化的问题，建筑产业现代化如果没有一体化的设计、施工、装配生产，成本和后续发展都是有问题的。

三是建筑市场交易方式的改革，即招投标办法的改革问题。住房和城乡建设部近期出台的文件对此已经有了涉及，下一步改革方向也已经明确。目前，整个建筑市场供过于求的矛盾突出，供求关系失衡导致了过度竞争，从而加剧了招投标活动中的不正当竞争，并引发了挂靠联营等很多问题，导致了交易成本过高与寻租和腐败问题。因此，就挂靠问题来抓挂靠，并不能解决实质问题，其根源在招投标制度和企业主体的管理。建筑业要健康发展，必须要解决好这些问题，为企业提供一个宽松、平等、公正的市场环境。逐步放宽限制，由建设主体自主选择总承包的施工企业，让市场在资源配置中起决定性作用，让主体企业自觉地诚信经营，也可以大大地减少市场运作中的资源浪费。

四是建筑企业产权体制的改革问题。我认为改革应该从实际出发，体现效益和效率。建筑企业30年的改革出现了两种情况，一种情况是江苏、浙江为例的在改革开放初期就实行的国有产权退出的道路；第二种是中央和部分省级国有企业因为规模大、人数多，在减人分流和清还债务中逐步改革，现在基本还是国有控股。目前，国有企业和民营企业都在同一条起跑线上，这个时候国有企业的改革我认为主要还是要解决机制的问题，提高企业的利润率。混合所有制是国企改革的一个方向。企业经营者参股或相对控股，对于企业的持续发展和维系职工的感情及利益都是有着长远意义的。如果说要合作，可以和建筑业有密切联系的设计、投资公司等产业上游企业联合。总之，混合所有制不能勉强，要以提高效率和效益为目标，从企业的实际出发，走自己的路。

五是项目管理的改革问题。项目管理不是独立的，应该和企业的法人管理结合起来。之前，企业的管理重在项目，项目承包制在企业发展中发挥了巨大的作用。现在，企业的法人治理和法人经营应该发挥主体作用，承包制要逐步转向和企业一体化的、服从企业整体经营的管理体制，项目管理必须服从企业整体经营需要。现在国有企业的利润率比较低，我觉得这不能说企业经营得不好，主要是国有企业分割利润的主体太多，表现在企业层面的利润相对地比较少。要解决这个问题就要解决企业法人治理的问题，这必然带来另一个问题即项目管理人员的薪酬问题。企业搞法人管理，项目搞承包，这必然是有矛盾的，因此，项目管理人员的薪酬制度必然要实行新的改革。

六是产业工人队伍的建设问题。住房城乡建设部王宁副部长说希望大企业建立自己的产业工人队伍，把进城务工人员纳入企业中来。当然，这个纳入是相对的，进城务工人员不可能像过去一样成为固定的工人，城市可以解决农民工的房子问题、社保问题，但是他们却没有归属感。进城务工人员需要相对地在一个单位固定下来，虽然不能像过去那样绝对地稳定，但是要相对地稳定，这样才能真正成为城市的人口，而不是城市里的游民，也才能谈得上建筑产业工人队伍的建设，这个问题值得深入研究。

中国建筑业发展现状及未来的改革

一、建筑业三十多年来的发展

建筑业是国民经济的支柱产业。改革开放以来，我国建筑业快速发展，建造能力不断增强，产业规模不断扩大，吸纳了大量农村转移劳动力，带动了大量关联产业，对经济社会发展、城乡建设和民生改善做出了重要贡献。

1. 从建筑施工行业看

产业规模不断扩大。到 2016 年，全国建筑业总产值达 19.35 万亿元，建筑业增加值达 4.95 万亿元，约占国内生产总值的 7%。陕西去年完成总产值 5329 亿元，同比增长 12.1%。

生产与科技创新能力不断增强，一大批跨世纪工程走在了世界的前列（大湾区的港珠澳大桥、遍布全国的高铁、西咸新区的创新港等）。

吸纳了大量的农村转移劳动力。5000 万农民进城务工，并带动 50 多个关联产业发展。

2. 从国家建设全局看

住房保障成效显著，8000 万困难群众改善了居住条件。

房地产调控成效显现，正在回归房子是用来住的理性阶段。

城市规划改革不断推进，城市发展方式加快转变。

城市环境更加生态宜居（地铁建设、地下管廊、城市绿化、湿

（写于 2016 年 3 月，是作者在"陕西省建设技术学院学习班"上的报告）

地保护等）。

3. 从建筑业总体看

建筑业总体来看仍然是大而不强，监管体制、机制不健全，工程建设组织方式落后，建筑设计水平有待提高，质量安全事故时有发生，市场违法违规行为较多，企业核心竞争力不强，工人技能素质偏低等问题都比较突出。

二、影响建筑业发展的主要因素

1. 产能严重过剩，恶性竞争导致建筑市场长期混乱。

2. 工程建设组织方式落后。工程总承包推广缓慢，以建设单位为主要方面的体制性矛盾制约着生产方式进步。

3. 建筑企业核心竞争力不强。企业信息化水平低，技术创新能力和集约化程度不够。

4. 工程质量安全事故时有发生。工程质量问题久治不愈，特重大安全事故时有发生，社会反响强烈。

5. 工人技能素质偏低。劳务分包方式、用工体制机制不合理，企业重用人不重培养人。

6. 市场违法违规行为较多，市场信用缺失。转包挂靠、违法分包屡禁不止，工程款拖欠普遍存在。

三、建筑业发展的目标要求

牢固树立和贯彻落实"创新、协调、绿色、开放、共享"新的发展理念，坚持以推进供给侧结构性改革为主线，按照适用、经济、安全、绿色、美观的要求，深化建筑业"放管服"改革，完善监管体制机制，优化市场环境，提升工程质量安全水平，强化队伍建设，增强企业核心竞争力，促进建筑业持续健康发展，打造"中国建造"品牌。

四、完善工程建设组织模式

党的十九大报告指出，我国经济已由高速增长阶段转向高质量发展阶段，正处在转变发展方式、优化经济结构、转换增长动能的关键时期，建设现代化经济体系成为发展战略目标。

人民日益增长的美好生活需要要求建筑业加快改革。老百姓不仅仅要有房住，还要住得宜居、绿色、环保、安全、舒适、便捷。

加快推行工程总承包。装配式建筑原则上应采用工程总承包模式。政府投资工程应完善建设管理模式，带头推行工程总承包（工程总承包的特点、难点、问题和出路）。

积极慎重地推进 PPP 建造模式。逐步实施全寿命周期管理，建立投资、设计、施工、运营与维护一体化的管理体制，提升中国建造的整体水平。

五、加强工程质量安全管理

党的十九大报告提出，必须坚持质量第一、效益优先，以供给侧结构性改革为主线，推动经济发展质量变革、效益变革、动力变革，不断增强我国经济创新力和竞争力。

习近平同志指出，要"推动中国制造向中国创造转变、中国速度向中国质量转变、中国产品向中国品牌转变"。

1. 对工程质量的再认识

建筑物全生命周期管理；建筑新功能的体现；绿色、环保、智能化的要求；如何禁绝质量通病。

严格落实工程质量责任。全面落实各方主体的工程质量责任，特别要强化建设单位的首要责任和勘察、设计、施工单位的主体责任。严格执行工程质量终身责任制，在建筑物明显部位设置永久性标牌，公示质量责任主体和主要责任人。

2. 加强安全生产管理

新时代对人身安全要有新的认识。最有效的是对进入现场人员的安全意识培训和强化教育，施工人员自身的积极防范是最为有效的防范。

在重要环节从严管理。特别要强化对深基坑、高支模、起重机械等危险性较大的分部分项工程的管理，加快建设建筑施工安全监管信息系统，通过信息化手段加强安全生产管理。

全面提高监管水平。完善工程质量安全法律法规和管理制度，健全企业负责、政府监管、社会监督的工程质量安全保障体系。

六、推进建筑产业现代化

1. 推广智能和装配式建筑

坚持标准化设计、工厂化生产、装配化施工、一体化装修、信息化管理、智能化应用，推动建造方式创新，大力发展装配式混凝土和钢结构建筑，在具备条件的地方倡导发展现代木结构建筑，不断提高装配式建筑在新建建筑中的比例。力争用 10 年左右的时间，使装配式建筑占新建建筑面积的比例达到 30%。在新建建筑和既有建筑改造中推广普及智能化应用，完善智能化系统运行维护机制，实现建筑舒适安全、节能高效。

2. 加强技术研发应用

加快先进建造设备、智能设备的研发、制造和推广应用，提升各类施工机具的性能和效率，提高机械化施工程度。限制和淘汰落后、危险工艺工法，保障生产施工安全。积极支持建筑业科研工作，大幅提高技术创新对产业发展的贡献率。加快推进建筑信息模型（BIM）技术在规划、勘察、设计、施工和运营维护全过程的集成应用，实现工程建设项目全生命周期数据共享和信息化管理。推广绿色建筑与绿色施工。

习近平总书记提出：建设美丽中国，推进绿色发展。要着力解决突出的环境问题。

绿色建筑要从规划与设计入手。绿色施工要解决根本性的问题，不要浮在表面做文章。

七、加快建筑业企业"走出去"的步伐

要提高对外承包能力。统筹协调建筑业"走出去"，充分发挥我国建筑业企业在高铁、公路、电力、港口、机场、油气长输管道、高层建筑等工程建设方面的比较优势，有目标、有重点、有组织地对外承包工程，参与"一带一路"建设。建筑业企业要加大对国际标准的研究力度，积极适应国际标准，加强对外承包工程质量、履约等方面管理，在援外住房等民生项目中发挥积极作用。鼓励大企业带动中小企业、沿海沿边地区企业合作"出海"，积极有序开拓国际市场，避免恶性竞争。

八、提高从业人员素质，建设现代产业工人队伍

1. 加快培养建筑人才

加强工程现场管理人员和建筑工人的教育培训。健全建筑业职业技能标准体系，全面实施建筑业技术工人职业技能鉴定制度。发展一批建筑工人技能鉴定机构，开展建筑工人技能评价工作。通过制定施工现场技能工人基本配备标准、发布各个技能等级和工种的人工成本信息等方式，引导企业将工资分配向关键技术技能岗位倾斜。

2. 大力弘扬工匠精神，培养高素质建筑工人

到 2020 年建筑业中级工技能水平以上的建筑工人数量达到 300 万，2025 年达到 1000 万。改革建筑用工制度，推动建筑业劳务企业转型，大力发展木工、电工、砌筑、钢筋制作等以作业为主

的专业企业。以专业企业为建筑工人的主要载体，逐步实现建筑工人公司化、专业化管理。鼓励现有专业企业进一步做专做精，增强竞争力，推动形成一批以作业为主的建筑业专业企业。

3. 促进建筑业农民工向技术工人转型，着力稳定和扩大建筑业农民工就业、创业

建筑劳务产业化，就是要使千百万农民工通过素质的提高和自己的努力，稳定地在一个企业服务，并且有自己的地位和尊严。农民工没有归属，一直处于流动状态，就谈不上工匠精神的形成，更谈不上工程质量有永恒的保证。

要研究劳动者身份归属问题，使进城务工人员相对稳定在一个企业，实行公司化的管理，对他们进行管理制度、技术质量、安全防护等方面的长期培训，使他们融入企业的文化，成为产业工人队伍中的一员。这是企业在资源配置中重要的发展战略。

4. 保护工人合法权益

全面落实劳动合同制度，加大监察力度，督促施工单位与招用的建筑工人依法签订劳动合同，到 2020 年基本实现劳动合同全覆盖。健全工资支付保障制度，将存在拖欠工资行为的企业列入黑名单，对其采取限制市场准入等惩戒措施，情节严重的降低资质等级。

5. 建立健全与建筑业相适应的社会保险参保缴费方式，大力推进建筑施工单位参加工伤保险

施工单位应履行社会责任，不断改善建筑工人的工作环境，提升职业健康水平，促进建筑工人稳定就业。

九、传承鲁班文化，弘扬工匠精神

工匠精神也被称作专业精神。它源于内心对职业敬重与追求。孟子曾称赞鲁班"公输巧，不以规矩，不能成方圆"，鲁班祖师是

第一个看重规矩的人。现代德国制造业中的职业坚守也是属于这种精神。西方工匠把这种精神也称为内在的利益，以区别表面上对物质利益的一般追求。认为这种追求是内心渴望的、不可替代的独特的追求，他们称之为志业，也就是专业精神。

工匠精神就是矢志不渝的专业精神。工匠精神的价值就在于对职业的敬畏，对目标的坚守，对责任的担当，这种信念和坚守是专业的人生对梦想的追求和精神上的享受，这种信念与坚守的力量是企业和人生最可宝贵的资源和财富。

鲁班文化集中体现着传统工匠对产品精雕细琢、追求完美和极致的精神理念。以鲁班为代表的中国工匠的传统作品，留存至今的都江堰、赵州桥、大雁塔、故宫、红旗渠都代表着中华民族工匠追求完美的精神。

工匠精神在德国被称为"劳动精神"，在日本被称为"匠人精神"，在韩国被称为"达人精神"。不少人热衷于使用德国、日本的产品，是相信他们普遍的社会信誉和工匠们的专业精神。

工匠精神不仅仅是一种技术，更主要的是它一种文化，一种全民族融入血液、身体力行的文化素养。中国要从制造大国走向制造强国、建造强国，就必须使每个国民认同和力行这种文化。

工匠精神内含着沉重的社会责任和职业品格。成熟的企业不仅要把眼光放在几个"大工匠"和一些技术含量较高的部位，更要在建筑产品的所有部位、在建筑队伍的所有岗位提倡工匠精神，精益求精，重视细节，追求卓越。企业都能以此作为自身的发展战略，行业的信誉和形象就将会焕然一新。

党的十九大刚刚胜利闭幕，中国特色的社会主义进入到新时代。我国社会主要矛盾已经转化为人民日益增长的美好生活需要和不平衡不充分发展之间的矛盾。解决这一矛盾，建筑业也担负着其中的历史责任。

我们要不忘初心，继续努力，传承鲁班文化，弘扬工匠精神，一步步推动建筑业健康、持续发展，为实现我国两个一百年宏伟目标做出应有的贡献。

转变动力　推进建筑业新的发展

经济发展进入新常态是中央审时度势提出的重大战略判断。新常态下经济发展速度必然要下降，结构调整必然有阵痛，这是我国必须要经过的经济转型期。经济发展方式转型的核心动力在于转变增长动力，从过去以投资为动力，转变为提高创新效率为动力的增长。建筑业的发展与国家经济走势变化休戚相关，必然要主动地适应与积极地调整。

1. 新常态下建筑业发展的新特点

一是发展速度进入了下行通道。建筑业依赖国家固定资产投资拉动的高速增长已经成为历史，企业追求规模效益的时代已经结束，产业的供求矛盾将更加突出；二是建设部顺应经济的变化，主动推进行业内部的治理，行业无序竞争的局面正在扭转，市场逐步回归理性，企业将面临诚信与严管新的考验；三是企业在转型中寻求新的经济增长点，寻求增长质量的优化，商业模式与服务内涵将逐步发生变化；四是市场管理体制与企业产权体制面临着新一轮的改革，深化体制改革将会释放出新的红利；五是建筑人力成本持续增高，人口红利已经消失，高素质的人才和劳务将成为建筑市场上的稀缺资源。

2. 转型商业模式，扩大服务内涵，增强自主创新的动力

一要抓住新型城镇化建设的机遇，寻求新的经济增长点。过去企业大都是围绕规模跨领域地去调整经营结构，大家都想走向其他

（写于 2015 年 10 月 26 日）

行业与专业，殊不知总量减少意味着多数领域固定资产投资都将逐步减少。新常态下，企业要将注意力转向自主创新，跟踪消费新动向，适应消费新需求，寻求建筑服务新的增长点。例如抓住国家推进城市地下管廊建设的契机，研究和储备适应复杂地下开挖与置管的施工技术；在基础设施建设中采取 PPP 或 BOT 的模式，提高资源汲取与分配的效率，同时也从单纯施工经营转变到投资与管理的资产运营；在旧城和房屋改造中提供便捷的维修改造、功能提升等新的服务项目；在项目建设中提供技术咨询与代建服务等；二要重视建筑物全寿命周期的管理研究。目前国家在建筑物资源管理中存在着诸多浪费，多数城市的新建住宅房屋空置率居高不下，究其原因是不动产的管理体制存在着一定的问题。大型建筑企业要将经营的触角逐步地伸向设计、维修、维护、运营、改造等多个环节，向社会提供更人性化的建筑产品，提供建筑物管理与运营的增值服务，企业的利润收益将逐步转向融资收益、管理收益与运营收益；三是在绿色建筑与施工中有所作为。绿色施工将考验企业新的技术进步，节能环保服务将提升企业新的竞争能力；四是要从规模效益向质量效益转变，提供高品质的服务。目前好的工程质量只是表现在部分的优良产品上，仅以渗漏为例，50％以上的工程都不同程度地存在着这样的隐患。信誉企业的质量提升就是要提升全部产品的品质，提升所有工程细部的品质，相信社会最终会认可"优质优价"的原则。五是面对鱼龙混杂的建筑市场，要注重"精准"经营。要从所谓"捡到篮子都是菜"的规模经营尽快地转向选择项目，权衡利弊，精准经营，以避免未来形成的市场风险。

3. 积极稳妥地推进建筑产业现代化

20 世纪 80 年代各地就探索过装配化的施工，其实这在我国的建筑历史上走过许多曲折的道路，也有过不少经验和教训。目前建筑产业现代化做得较好的是在钢结构施工领域，许多地方的住宅产业也正在试点，建造成本与消费需求正在成为推进过程中的瓶颈。经济新常态下建筑产业的现代化有三个要点问题：一是市场消费需求。单靠政府行政命令以保障房为对象推进这一生产方式是暂时的。市场决定资源的配置，也决定装配式住宅的需求量。要注重市场和消费心理分析，初期阶段政府应引导大众进入新的住房选择，并在政策上提供更便捷和更环保的装配楼房，以形成新的消费吸引，那种用装配式建筑开发的高层、密集的住宅群不会有很好的市场前景；二是市场主体的主动性。大型企业要看准未来建筑业发展的走势，主动走设计、加工、装配施工一体化的道路。要从企业实际出发，依据效率与效益的原则，安排好工厂部品生产量与现场混凝土浇筑施工的比例，逐步体现出竞争的优势，也只有大型企业实施工程总承包，才能最大限度地控制成本，体现出产业现代化的优势；三是全面、稳妥看待产业的现代化。建筑产业的现代化是一个长期的任务，客观地看，在钢结构施工领域，我国已经基本做到了工厂化与装配化，也确实明显地提高了建筑施工的效率。在钢筋混凝土结构工程施工中，部品工厂化加工技术与标准也才开始实践，尤其是市场的成熟还有较长的路程，因此要稳步推进，也要锲而不舍，切不可一哄而上，造成新的资源浪费。

4. 加快诚信体系建设，营造规范的建筑市场

市场上滥收保证金的问题给施工企业带来了危害，但同时也说明施工行业在社会上还是存在着某种信用缺失。在经济新常态下，市场秩序要靠更严格的监管，更要靠市场主体的信誉重塑。建筑市场供大于求的背后存在着严重的无序竞争与资源浪费。生产能力过剩主要是追逐利润的企业与利益集团太多，真正有行为能力的企业和人才还是不足。从政府的层面应尽快实施新的招标办法，还招标权于建设单位，保证市场的公开透明，逐步消除寻租现象的干扰和交易成本过高；从企业层面要主动规范主体的行为，营造诚信经营

的形象。诚信经营也是一种竞争力,未来企业在提供新的增值服务中提高信誉的空间很大,同时行业诚信体系的建立还可以大大降低企业经营的风险。

5. 持续推动建筑企业产权体制的改革

我国建筑业改革走过了三十多年的路程。不少国有地方建筑企业改造为多元化的民营企业,相当一部分目前都运营良好。中央与地方大型施工企业改革大都走的是一条比较艰难的道路,经过了减员分流、清还债务等阵痛后,目前在市场上也具备了较强的竞争能力。按照十八届三中全会的精神,企业还是走混合所有制的路子为好,而且允许混合所有制经济实行员工持股,这是一个很好的机遇。企业改革的目的是创新机制与长远发展,项目股份制可以探索,但不是企业体制改革的主要内容。国有企业改制要从实际出发,企业目前的实际是:经过了三十多年的艰苦努力,多数企业扭转了亏损,有了一定程度的资本积累;带领企业历经艰辛,闯过市场的经营者们对企业担负起了责任,也对职工怀有深厚的感情;职工历经了改革的风雨,承受能力与谋求发展的愿望更加强烈。在这一基础上,让经营者为主体的管理层持有较多的企业股权,让更多的职工与企业结成命运共同体,对企业的长远发展较为有利。项目管理的改革要服从于企业管理的全局,服从于企业的整体利益。项目的承包制作为一种经营发展模式,曾经发挥过重要的作用,随着企业经营的细化,它将会逐步成为历史。成熟的市场要求规范的法人经营与管理,企业也应实行集约经营,提高法人的收益。未来项目管理人员的薪酬改革将要提到议事日程,改革的方向是项目经理人的执业化与市场价值的均等化。

6. 高度重视建筑产业工人队伍的建设

目前,总承包企业的空壳化与挂靠现象都比较严重,虽说建设部在不断地治理,但实际上很难从根本上解决问题。三十年前建筑施工队伍的"两层分离"解决了施工体制与施工效率的问题。但从生产力理论来看，劳动力在缺失和处于不稳定状态下，生产力肯定是不完整的，这种生产力滞后的状态也会严重地影响建筑业的转型升级。在新常态下，建筑劳动生产力具有的特点是：优良的劳务力量将成为稀缺资源；劳动力的高技术、高素质、高工资将成为常态化；企业从长远看需要一定数量、稳定的劳务队伍。作为进城务工人员，农民工在追求市民化和生活有基本保障的同时还渴望有工作与事业的归属，有稳定的就业，这也是中国传统文化所形成的一个特点。大型企业要从资源配置的战略高度看待产业工人队伍建设的问题，谁拥有了相对稳定、优良的劳务队伍，谁就拥有了新的市场竞争能力。要加强企业新员工的培训，提高技术素质，熏陶企业文化，使他们逐步建立起产业工人的成就感与荣誉感。

新常态是一个长期变化的概念，是国家经济发展走向更成熟的概念，对于建筑业来说也是一个新的机遇。因此，建筑企业要主动地去适应这一变化，在转型中寻求新的发展。

在新常态下构建和谐的建筑劳务关系

建筑业是一个劳动密集型产业。在这样一个产业中，产业队伍、产业工人的素质、地位以及归属问题长期以来未得到有效的解决。在国家提出建立和谐劳动关系的今天，如何适应经济新常态，从市场决定资源配置的角度，解决好这一问题，显得尤为迫切。

一、建筑劳务分包目前存在的问题

1. 准入门槛低，队伍素质良莠不齐

由于较长时间以来国家固定资产投资规模巨大，对建筑劳务量的较长期刚性需求，造成进入城市建设的务工人员总体素质不高，地方行政主管部门在管理上很难对劳务企业的资质和技术工人的素质进行严格准确的审查和界定。

2. 企业管理不到位，劳务人员稳定性差

劳务企业和务工人员在项目上的聚合，其实是建筑业体制改革后新的尝试，双方都在成长与磨合之中。劳务人员也开始选择企业、项目、领头人甚至是服务的地区。比较好的劳务企业，其人员的流动率都在20％以上，稍差的企业，很难做到基本队伍的稳定。这样造成的结果便是施工合同的失约，工程进度计划的落空及项目管理效率的降低。这里有劳务企业管理水平初级和不规范的问题，也有进城务工人员结构、文化理念发生改变的原因。

（写于 2015 年 4 月 20 日，该文发表在《中国建设报》等报刊上）

3. 收入增长刚性化，企业成本压力加大

由于经济全球化的影响，也因为市场经济的逐步成熟，劳动力价格在逐步攀升，一方面造成劳务企业的运营成本在加大，另一方面也造成总承包企业的劳务费用快速升高。

4. 社会保障措施滞后，损害劳务人员的事情时有发生

由于建筑从业人员流动性大，有的劳务公司不与劳务工人签订劳动合同，多数劳务企业都没有给劳务工人办理养老、失业、医疗、工伤等保险。工人上岗培训不足，生活条件简陋，还常常拖欠务工人员工资，大量产业工人未进入保障状态。

二、建筑行业在新常态下对建立和谐劳动关系的客观要求

劳务逐步成为卖方市场的现实与劳务队伍良莠不齐的局面同时存在，劳务分包已经成为行业发展中的一支重要力量。建立市场经济成熟阶段稳定、规范的建筑产业工人队伍既是产业健康发展的迫切需要，也是推进新型城镇化建设，建立和谐劳动关系，解决民生问题的现实要求。

1. 建立和谐劳动关系是行业持续发展的必然要求

当前我国经济建设进入了新常态，加快城镇化建设的趋势以及中西部基础建设的发展都要求有强劲的建筑劳务队伍支撑。尤其是进入绿色和高科技施工的时代，对施工技术进步的要求，对工人队伍素质的要求越来越高。国家明确提出，要将提高劳动者的素质作为实现经济发展方式转变的重要环节。建筑产业科学、持续的发展必须要依靠一支现代化、有知识、有保障的产业工人队伍。

2. 建立和谐劳动关系是建筑施工企业自身发展的迫切需要

农民工已经成为建筑施工的从业主体，占全部建筑从业人员的比例超过 70%，而建筑施工的整个过程，除去手工作业外，还有

40%以上的现场管理实际操控在劳务企业手里。总承包企业都希望与有信誉、高素质的劳务队伍长期配合，同时也希望重新建立内部高技能的工人队伍问题。劳务队伍的稳定化和产业化已经形成业内的共识。

3. 建筑劳务产业化是千百万进城务工农民的共同心声

农民进城务工推进了城镇化的进程，城镇化的扩大又需要大批农民工加入进来。新生代的农民工虽然身份是农民，但他们的生活习惯、思维方式早已同城里人没有大的区别，他们期盼着用勤劳双手建起的城市有自己生存和发展的空间。建筑劳务产业化，就是要使千百万农民通过素质的提高和自己的努力，稳定地在一个企业服务，并且有自己的地位和尊严。真正使农民工有归属感，在城市安居乐业，成为城市的建设者和新主人。

4. 建筑劳务产业化是政府完善社会管理的基本职责

作为劳动密集型行业，建筑业吸纳了我国大部分的农村富余劳动人口。务工农民进城工作和生活已经成为城乡一体化的一个重大的社会问题。政府要责无旁贷地做好两件事情。一是提高劳动者的素质。劳动力成为稀缺资源，一方面是现代企业对人力资源需求层次在提升，另一方面也说明现有的进城务工人员普遍素质急待提高。这种提高，也包括当代年轻建筑工人职业道德水平和吃苦耐劳精神的提高。二是对新生代建筑工人的培训、教育和完善务工人员社会保障机制是政府部门和大型企业长期应该做的一项投入，它不是额外的付出，而是政府和企业归还历史的欠账，为和谐社会发展所做的长远储备。

三、建立和谐劳动关系，重塑建筑产业工人队伍

构建和谐劳动关系、建立新的建筑产业工人队伍，并不是要回到"两层分离"前的状态，而是要在市场决定资源配置的前提下，

在建筑市场已经发展了的基础上，分级、逐步地建设和完善，使其符合建筑业优化升级的新要求，符合新的和谐劳动关系的要求。

1. 突出大型企业的依托和引领，推动劳务组织专业化与附属化

大型建筑施工企业经过两层分离和用工缺乏两个阶段以后，都在思考如何建立企业稳定的劳务关系。要促进大型施工企业更多地吸纳有信誉的劳务企业与自己建立长期稳定的合作关系，同时还要培养和吸收一定数量专业性强、层次较高的技术工人直接进入企业，使其成为企业重要的人才资源。在新资质标准下，不具备能力和实力容纳与吸收技术工人的总承包企业，将有两个选择，一是通过重组扩大规模，另外就是走专业承包的路子。

2. 专业劳务企业要承担起凝聚和稳定劳务人员的主体责任

在总承包企业拥有必要数量技术工人的同时，市场上大量的、一般的劳务人员和队伍，应该相对稳定在相应的劳务企业。从这个意义上讲，劳务企业是建立新的产业工人队伍新秩序、建立和谐劳动关系的关键部位。政府和协会要加强对劳务企业的政策引导和监管，通过建立规范的合同关系，开展信誉和品牌的评级、鉴定等工作，使企业建立起对社会的责任，建立起与职工之间稳定的链接关系。

3. 设立专门的管理机构，加强对劳务企业的约束和引导

目前对劳务企业的管理是一个空白。总承包企业只管使用，政府部门只管准入，何况还有相当多的劳务队伍并没有依法注册。在当前下放部分政府职能的背景下，最好能由各级建筑业协会承担起管理建筑劳务的责任，这是一项新的工作，也是重塑建筑产业工人队伍的一项系统工程。总之要由专门的机构和人员对劳务企业的市场准入、信誉状况、业绩状况定期做出评判，进行约束和监管，有效地引导市场，激励先进，淘汰拙劣。

4. 发挥行业协会、专业院校和大企业的作用，加强对工人队伍的培训

普及执业培训是市场准入的必要通道。要依托大型企业和专业技术学校广泛地开展对务工人员的文化、技术、安全以及职业道德方面的教育与培训，以提高他们诚信从业的操守和专业技术的水平，扩大他们的社会生存空间。

5. 建立劳务人员的社会保障机制，构建和谐劳动关系

建立新常态下建筑工人的社会保障，不是企业和社会的额外负担，而是产业成本中必须要负担的内容。政府相关部门应对务工人员的养老、失业、医疗、工伤等各项保险制定具有可操作性的制度安排，保证他们的合法权益；大型企业和劳务企业要承担起相应的经济责任，共同为建立和谐的劳动关系做好基础性的工作。

建筑市场资质管理和招投标制度建设

建筑业企业资质管理的目的是根据市场需要以及企业的能力来划定企业在市场中的活动范围，以此保证市场运作的主体完全胜任其承担的建筑活动，从而保证市场的秩序。招投标制度作为工程发包承包的主要形式在国内的工程项目建设中已广泛实施，它是一种富于竞争性的采购方式，是市场经济的重要调节手段，它不但能为招标人选择好的供货商和承包人，而且能够优化资源配置，形成优胜劣汰的市场机制，体现了"公开、公平、公正"和"充分竞争"的本质特征。

现行的资质管理和招投标管理制度运行情况如何，存在哪些尚未解决的问题，需要在哪些方面进一步改进和完善，是政府管理部门和从业各方都需要长期研究的命题。

一、我国现阶段建筑业企业资质管理和建设工程招投标的总体评价

（一）资质管理的现况和总体评价

我国自 1984 年开始实施以企业资质管理为核心的建筑业市场准入制度至今已经 28 年，历经 4 次修改，直到 2007 年建设部出台了新的《建筑业企业资质管理规定》，根据行政许可法减少了审批环节，取消了对企业资质的年检。同年发布了《施工总承包企业特级资质标准》，改变了原来单一的财务指标，增加了银行授信额度

（写于 2014 年 3 月）

和营业税指标，完善了对资信能力的考核，提高了对专业技术人员的执业资格和对设计能力的要求，提出了对科技进步和自主创新能力的要求，调整了企业的承包范围，在一定程度上打破了行业壁垒，同时设定了单项合同额的下限。

我国对建筑业实行资质管理以来，有力地推动了建筑业的繁荣发展，在促进建筑产业结构调整与升级、维护建筑市场有序竞争、推动建筑企业综合实力的提高等方面，取得了较为显著的成就，基本形成了施工总承包、专业承包和劳务分包三大序列。2011 年，全国建筑业企业完成建筑业总产值 11.77 万亿，比上年增长 22.6%，首次突破十万亿大关；到 2011 年底，全国共有建筑业企业 70414 个，比 2010 年减少 1449 个；从业人数 4311.1 万人，增加了 150.7 万人。

（二）招投标管理的现况和总体评价

近年来，建筑施工企业在参与招投标的过程中主要是依据《中华人民共和国招标投标法》、国家各部委和地方各级政府制定的一系列建设工程招标投标管理办法、建设工程工程量清单计价规则等文件以及 2012 年 2 月 1 日起实施的《中华人民共和国招标投标法实施条例》开展工作。

自 2000 年《招标投标法》颁布实施以来，建设项目招标率不断提高，工程施工招投标的法规体系已基本完备，招投标活动的主要方面和环节都实现了有法可依、有章可循；监管机构和交易中心建设日趋完善，全国各地级以上城市均已建立了招标投标监督管理机构和建设工程交易中心，为交易公开、竞争公平、监督公正创造了良好的市场条件；招标代理机构不断壮大，目前全国招标代理机构数量已经达到 4799 家，从业人员达到 32.8 万人，招投标行业群体已经比较成熟；招标投标工作公开、透明、运作过程日益规范。实践证明，招投标制度推动了建筑市场的规范与成熟，保证了工程质量的提升，加快了施工进度，节约了项目投资，推动了建筑业健康发展。

二、现阶段建筑业企业资质管理和建设工程招投标中存在的问题

通过以上分析不难看出，现行的资质管理和工程招投标管理已经具备较为成熟和完善的制度和市场体系，对建筑业的健康发展起到了积极的推动作用，但在运行过程中，仍然存在不少急需解决的问题。

（一）资质管理中存在的问题

1. 资质类别划分过细，行业分割严重

2007 年的《建筑业企业资质管理规定》继续坚持了施工总承包、专业承包、劳务承包三个序列，其优点在于为建筑企业社会分工奠定了良好的基础，但整个建筑市场被强制划分为 3—4 个层次共 85 个类别，限定企业只能在所申报的类别中进行建筑业务活动，严重阻碍了相近专业施工能力的发展，降低了市场选择的灵活性，抑制了企业发展的活力。现行 35 种资质类别中，就有 23 种按国务院有关部门的业务管辖内容划分，如施工特级资质类别虽然由原来的 12 项减少为 10 项，但 10 项中仍涉及交通、铁路、水利、民航、信息产业等方面资质，需要由相关主管部门会同建设主管部门核实，这就为各行业的自我保护和利益分配奠定了基础。由于政出多门，造成行业壁垒过高，导致建设力量重复设置，产业资源配置不合理，不利于具备跨行业承揽工程能力的大型企业发展。

2. 建筑市场集中度低下，竞争过度

一般而言，某一市场的集中度越高，市场支配势力越大，竞争程度越低，反之，市场集中度越低竞争程度越激烈。此外，大、中、小企业的数量比例不合理，导致了建筑市场同层次或相邻层次

间企业竞争激烈，存在过度竞争的情况。企业的资质、规模和实力相似，致使大量同资质企业经营范围业务领域近似，导致采用公开招标工程的潜在投标人常常多达数十家乃至数百家，恶性竞争、低价竞争、无序竞争屡屡发生。

3. 现有资质管理规定未能充分体现动态管理、优胜劣汰

《建筑业企业资质管理规定》中对资质的许可、申报、升级、增项做了详细规定，但对于企业资质如何实现动态管理、充分体现优胜劣汰的规定明显不足。仅仅规定："企业取得建筑业企业资质后不再符合相应资质条件的，建设主管部门、其他有关部门根据利害关系人的请求或者依据职权，可以责令其限期改正；逾期不改的，资质许可机关可以撤回其资质。被撤回建筑业企业资质的企业，可以申请资质许可机关按照其实际达到的资质标准，重新核定资质。"该条款概念模糊，责任界定不清晰，可操作性差。在实际操作过程中，企业升级难，降级更难。其中一个重要原因是部分建筑业主管部门成了行业利益、地区利益和企业利益的代表，为不符合标准的企业开绿灯、保地位。资质管理"有升无降、有增无减"的情况，严重降低了行业的竞争积极性，阻碍了企业的创新发展。

4. 现有的资质管理规定和招投标管理规定结合不到位

2007年发布的《施工总承包企业特级资质标准》中规定："取得施工总承包特级资质的企业可承担本类别各等级工程施工总承包、设计及开展工程总承包和项目管理业务"，但现行的招投标法规制度中，对工程总承包和项目管理业务的招标规定均为空白，没有具体的操作办法，造成企业资质允许开展的业务，没有承接的合法途径问题。

《标准》中规定"特级资质的企业，限承担施工单项合同额3000万元以上的房屋建筑工程"，在现行的招投标法规制度中没有相应的规定，也至今未实际实施。

建筑施工企业通过资质审查，获得某等级资质，表明该企业具备组织相应规模的建筑生产所需的人员、技术、资源和管理能力。但在现行的招投标法规制度中，普遍要求对投标单位进行资格预审或资格后审，审查内容与企业资质审查内容大量重复，形式主义严重，加重了投标单位负担。

（二）招标投标管理中存在的问题

现阶段招标投标活动中的不规范行为集中体现在：招标公告、资格预审文件内容不规范，条件设置过高或有针对性，存在排斥潜在投标人情况；招标文件编制不规范，内容违规；工程量清单、招标最高限价编制不准、有意压价；肢解工程分包，招标人指定分包，限制总包单位收取总包管理费；投标单位围标的潜规则屡禁不止，严重冲击招投标市场秩序；招标程序烦琐，投标人负担过重等。

以上不规范行为的发生，究其原因，主要是因为管理和制度方面存在以下问题：

1. 法律法规与制度建设方面的问题

（1）现行法律法规存在不配套、不完善的问题，使不法行为有机可乘。我国现行的招标投标法律法规在对某些具体行为的定义上还比较模糊。如对"垫资施工""肢解工程发包""转包"等如何界定等都没有给出详细具体的规定，执行起来很难把握标准。在招标投标的环节上缺乏一定的严密性和强制性规定，留有一定的弹性空间，存在一些可以人为调控的因素。

（2）有形建筑市场的管理体制尚未完全理顺，有的招标监督机构、有形建筑市场交易中心与代理机构之间职能不分、人员混岗使用，政府的监管职能与有形建筑市场的服务职能交叉混淆。

（3）在现行体制下，招标人对招标代理机构的选择具有绝对权力，并且缺乏应有的监管体制，选择谁招标人说了算，招标代理服务费如何计取也是招标人说了算，这就不可避免地造成招标代理机构想要生存发展就必须看招标人脸色行事的现状。招标人的价值取向与掌握的权力，决定着招标代理机构不能纯粹从公平与效率角度进行招标运作，否则招标代理有可能失去市场。在这种体制约束下，招标代理机构仅是按照招标人的意愿帮助招标人完成符合法律程序的招标投标运作，使招标人倾向的中标人合法化。这就导致了招标代理机构在一定程度上不但不能规范招标人行为，反而成了招标人违法违规的"帮凶"。

2. 监管不到位、监管力度不够的问题

（1）行政主管部门目前主要依靠《招标投标法》、《建筑法》及有关部令和地方法规等监督招投标工作，但在实际工作中缺乏实施细则。特别是法律规定的弹性条款较难把握，导致行政自由裁量权过大，极易发生越位和缺位行为，也给参与招投标各方"暗箱操作"提供了可乘之机。就组织机构而言，随着政府机构改革深入，政府机关越发精简，配置人员更少，招标办及有形建筑市场人力资源不足，监管力量更趋削弱。从行政手段看，建设行政主管部门管理建筑市场，特别是规范招标人行为缺乏有效手段，仅有惩罚性的消极手段。

（2）对招标代理机构监管制约的缺失。由于招标代理机构属社会中介服务组织，没有明确的上级主管部门，只能依靠行业自律等手段来进行自我约束，建设行政主管部门在对其监督管理上又缺少硬性的依据和规定，监管制约乏力，在一定程度上难以保证招投标活动的公开、公平和公正。

（3）按照有关法律、法规的规定，对照投标活动中的违法违规单位，除责令改正、给予经济处罚外，还应追究相关责任人的法律责任。但由于处罚条款弹性较大、追责体系不够健全，造成了违规得来的利益远大于处罚所带来的损失，使部分招标、投标单位敢于

以身试法，铤而走险。

3. 文化道德和诚信体系建设方面的问题

在现有的建设体制下，很多招标人都不是本质意义上的法人，它是各级政府（公共财政）或企事业单位设立的临时机构或委托代理人，他们有法律上提供的弹性空间，在执行公务（选择招标代理、资格审查、评标、定标）时，仅有道德的约束，来指导他们为所服务的机构决策。经济学上有个理性人的假设，当他们能以极小的风险（体制设计给他权力，法律提供弹性空间）获得个人利益较大的回报时，道德约束力就显得脆弱。实践中存在领导不干预，经办人员干预；招标人不干预，招标代理人干预的状况，现实地说明了一切。

我国处于建设社会主义市场经济的初级阶段，虽然市场经济已在整个社会生活中占主导地位，但由于长期计划经济作用的结果及传统文化使然，人们在日常活动中仍钟情于"权力"。建筑产品虽然牵涉到每一位民众，但现实中建筑产品采购权集中在少数人手里（招标人、代理人、评标专家委员会），客观上造成了不便于社会监督，减少了违规方因为违规行为遭到市场淘汰或者法律处罚的风险。

建筑行业诚信体系建设不到位，一是缺乏统一的信用信息平台。一些地方建立了信用信息平台，但平台或依附在本单位的政务网上，或以地方政府的政务网站为平台，相互独立，互不衔接，信用信息资源不能共享；二是信用的信息收集、标准制定、评价结果应用缺乏统一。虽然一些地方对企业和个人不良行为做了规定，但由于各地制定的不良行为标准各不相同，评价方法也不一样，造成信用信息和评价结果不能互认；三是缺乏必要的法规依据，奖惩措施不能有效实施。目前，各地在对企业不良行为记录后，通常采取曝光、与资质年检挂钩、进行招投标标前提示等方式，进行失信惩戒。但这些惩戒措施缺乏强有力的法律法规支持和保障,行政监督机构缺乏强有力的手段和措施,对市场主体失信行为的惩戒作用仍然十分有限。

三、改进和完善建筑业资质管理和工程招投标管理制度的建议

我们应该思考的是:现行的资质管理制度,在资质类别的划分上是否制约了行业和企业的发展,是否有利于优化行业结构;在资质的认定上是否能够真实反映企业的生产能力,是否能够反映企业的发展状态。现行的招投标管理制度,是否能够帮助建设单位选择到优秀的施工企业,是否能够形成有效但非恶性的竞争,能够在最大程度上为参与招投标工作的各方减负,降低招投标成本,充分体现建设节约型社会的精神。

以下几点建议供制订制度和执行制度的各方参考:

1. 合并资质类别、减少壁垒,细分市场、优化建筑行业结构

建议对现制定的建筑业企业 85 个类别的资质进行合并和瘦身,资质分类宜粗不宜细,降低跨专业之间的准入标准,减少因行业保护而形成的内部壁垒对企业发展的负面影响。应通过资质管理工作,规范各类不同企业的生存空间和市场行为,合理确定大、中、小企业和综合、专业企业的比例关系,限制大部分企业进入高资质等级企业的过高欲望,在保护大型集团企业积极性不受挫伤的同时,保护中小企业的利益和生存空间。建议在生产规模、资金实力和荣誉业绩方面继续提高总承包特级、一级资质的认定标准,针对每一资质等级都设定不同的经营范围,设定上限和下限,相邻等级之间重叠部分范围尽量小。充分体现不同资质等级企业间的差异,有效避免高资质等级企业和低资质等级企业在同一层面上竞争,从而形成建筑企业的分层竞争格局。

2. 建立和完善诚信评价体系和信用信息平台，实施优胜劣汰的市场竞争机制

坚持"政府启动、市场监督、权威发布、信息共享"的原则，通力协作，充分发挥政府、行业协会、企业等各方面的积极作用，建立和完善统一的诚信评价体系、统一的信用信息平台、统一的信用奖惩机制，实施优胜劣汰的市场竞争机制。通过市场监督，将企业基本信息、工程业绩、各种失信行为和违法违规行为记录在案，向社会公开并接受查询，通过诚信体系建设，有效约束企业行为。

对于资质管理来讲，建议依托信用信息平台，对企业资质实行动态监管，实行年度打分制，对工程业绩和获奖纪录进行加分，对不良记录进行扣分，当年度分数低于一定的额度时，进行资质重新审核或降级处理，同时限制该企业的资质升级、增项申请。对于招投标管理来讲，可以依托信用信息平台，提升监督力度，严格市场准入制度，有效约束企业和执业人员行为。

3. 建立严密完善的约束制度，加大对制度执行过程中违法违规行为的处罚力度

不断完善有关法规、制度，给合法的市场行为提供完备的法规支持与实施办法，对不合法的市场行为给予明确的概念定义，明确监督责任和处罚办法。对"垫资施工"、"肢解工程发包"、"排斥潜在投标人"等违法违规行为明晰定义、明确界定。加强招标投标监管部门工作力度，对招标公告、资格预审文件、招标文件、招标最高限价、施工合同的合法合规性进行严格审核，对违规内容坚决予以纠正。坚决制止招标人随意肢解工程发包和指定分包行为。

严格规范和监督公务人员行为，对招投标监管工作中存在的违法腐败和不作为行为进行严肃查处。纪检监察机关作为反腐败的专门机构和重要部门，要针对工程建设领域容易滋生腐败的特点把工程招投标作为监察重点。要运用执法监察、专项检查、财务审计、质量跟踪和鼓励群众监督举报等多种手段，查找管理和监督工作的薄弱环节，积极发现案件线索，加大对违纪违法案件的查处力度，严格责任追究，通过查办案件推动工程建设招标投标制度的落实。

4. 改革完善现有的招标代理制度

进一步明晰招标代理机构的责、权、利，明确招标代理机构的监管部门，严格招标代理机构市场准入，实行政府资格管理和行业自律相结合，培育独立、客观、公正、规范的招标投标服务市场。特别是要下气力对于现行招标代理机构违规操作，违反职业道德规范的行为，视情节轻重给予相应处罚。招标代理服务属于国家发改委有明文取费标准的定价服务，不宜过度市场化竞价，在招标人选择招标代理机构时建议采用公开招标或从合格服务机构名单中直接抽签确定等方式，以减弱招标人对招标代理机构的影响和控制，保证招标代理机构的独立性和公平公正立场。

5. 在工程招投标过程中，应充分体现企业以往获得荣誉、奖项的价值

企业荣誉、业绩的获得和积累是一个长期的过程，是企业实力和管理水平的综合体现，代表着社会和行业对于企业品牌的评价和认可程度。施工企业在企业管理、工程创优、科技进步、安全文明施工等方面获得的各种奖项，应在工程招投标过程中予以价值的肯定。无论是在资格预审阶段还是综合评标阶段，在制订评分办法时都应给企业获奖方面给予一定的加分值。在招投标过程中对企业荣誉、获奖业绩的肯定，对于整个行业管理水平和工程质量的提升能够起到非常积极和重要的影响。

6. 进一步简化招标投标程序，为投标人减负

建议减少或取消投标人在各地域、区域的投标注册程序；简化或取消投标人资格预审、资格后审程序；建立基本投标保证金制度，即在有形市场设立投标保证金专户，投标人交纳一定数额基本

投标保证金，不再按投标项目反复交纳投标保证金；纸质投标文件可以仅报送投标函部分，商务标、技术标采用电子版提交（中标单位中标后提交纸质版），取消常规工程项目的技术标评审。

四、结束语

加强资质管理和招投标管理制度建设在我国建筑市场建设中的重要性和积极作用毋庸置疑，但应注意到，要搞好资质管理和招投标管理，必须同时大力加强相关制度建设，如信誉评价体系、工程担保制度、质量安全保险制度、从业人员执业资格管理制度等，只有相关制度形成严密体系，互为支持，才能使建筑市场过度竞争、无序竞争的局面得到缓解和改观，使建筑业获得更加健康、良好的发展环境。

从实际出发 推动建筑业增值税改革

税制改革，对建筑业的发展影响深远，总体是有利的，但由于受市场不规范因素的影响，操作不好，可能还会加大企业的负担。

一、税制改革对建筑业产生的积极作用

1. 能在一定程度上减轻施工企业税负

建筑安装企业耗用的建筑材料，其他物资等，约占建筑业工程成本的 65%～70%，它们属于增值税征税范围，在流转环节已经按流转额缴纳了增值税。由于施工企业不属于增值税纳税人，购进建筑材料及其他物资所负担的进项税额是不能抵扣的。相反，在计算营业税时，外购的建筑材料和其他物资又是营业税的计税依据，还要负担营业税，从而造成了严重的重复征税问题，加重了建筑安装企业的税收负担。而增值税只对货物或劳务销售额中没有征过税的那部分增值额征税，从而有效排除了重叠征税因素，节约基本建设成本。

2. 促进施工企业扩大运营规模

增值税改制后，新购进的固定资产进项税额可以抵扣。如果营业税全面改为增值税，那么施工企业购买的大型机械设备等固定资产，就能享受此项政策，这无疑为此行业的更新设备、扩大运营规模提供了有利条件。税改后，转让无形资产的行为也将纳入增值税的范畴，这也必将促进施工企业加快技术进步，加大研发的投入。

（写于 2012 年 7 月 11 日，在建筑业税改前向中国建筑业协会提的建议）

122

3. 有利于维护建筑市场正常的竞争秩序

建筑业改征增值税后，支付给总、分包单位的工程结算款进项税额抵扣将成为税务监管的重点之一，税务部门必然要求工程建设单位向其报送总、分包单位的有关资料以备案，业主非法肢解工程或指定转包工程将受到限制。

二、建筑业营业税改征增值税存在的问题

1. 建筑业的材料来源方式复杂，进项税额抵扣难度大

建筑材料来源方式复杂：有的工程项目，材料、设备全部由施工企业自行采购；有的工程项目，主要材料由甲方（建设单位）调拨，砂石、设备及零星材料等由施工企业自行采购；很多工程项目所处地域比较偏僻，砂石、土方及零星材料基本上都由个体户、杂货店供应，一些主材也只能从个体批发商购买，购买的材料没有发票或者取得的发票不是增值税发票，甚至以其他票据抵充的情况也时有发生；一些半成品，如预制构件由内部加工厂加工而成，没有相关票据。由于发票管理难度大，材料进项税额无法正常抵扣，使建筑业实际税负加大。

2. 实际税负问题

按照国税发〔2000〕37 号《国家税务总局关于商品混凝土实行简易办法征收增值税问题的通知》，增值税一般纳税人生产销售的商品混凝土，按照 6％征收率征收增值税，但不得开具增值税专用发票。商品混凝土作为建筑工程的主要材料，施工企业购入后，不能取得增值税专用发票，进项税额无法抵扣，从而加大建筑业实际税负。

3. 劳务税负

建筑劳务公司作为建筑业的一部分，为施工企业提供专项劳

务，他们取得劳务收入按 11% 计征增值税，却没有进项税额，与原 3% 营业税相比，增加了 8% 的税负。劳务公司作为微利企业，承受不了这么重的税负，要么走向破产，要么将税负转嫁到施工企业，这样很容易加大施工企业的税负。

4. 关于重复税负

现行营业税条例规定，工程项目发生总分包业务时，分包方自行纳税，总包方差额纳税，总分包双方不存在重复纳税问题。若改征增值税后，如果分包方为小规模纳税人，因其无法开具增值税专用发票，没有进项税额，总分包双方都会缴纳 11% 增值税，重复纳税加大了建筑企业的成本。

三、对建筑业增值税改革的建议

由于建筑行业的特殊性，及建筑市场不够规范，建筑业营业税改为增值税后，建筑材料、建筑劳务、工程分包等方面可能存在一些增值税专用发票无法取得的问题，会导致建筑行业进项税额总体偏小，增值税实际收税率会高于现行营业税税率 3%，使竞争激烈的建筑行业税负更重，利润空间更小，难以实现结构性减税的预期目标，也将影响到行业的整体发展。

根据陕西地方企业的调查测算，以及目前市场运行的实际，我们认为建筑安装企业增值税税率定为 8% 较为合适。

企业信息化与生产关系的调整

关于建筑企业信息化的问题，建设主管部门早已有要求，不少专家都提出了很有价值的观点和意见。在这里，仅从企业管理与生产关系调整的角度谈一些对信息化的看法。

一、信息化属于企业生产关系的范畴

对于建筑企业而言，信息技术是生产力，而信息化却更像是一种生产关系，信息化建设的过程便是企业适应市场环境，主动调整生产关系的过程，是企业管理与信息技术深度融合的过程，是企业管理人员转变观念、提高素质的过程。因此，信息化建设，建筑企业应主动调整内部管理，发挥主导作用。实践证明，仅仅依靠 IT 企业的现成软件，在技术层面寻求突破，很难达到企业信息化的预期目标。

1. 企业管理层的观念问题

在改革开放后相当长的一个时期，企业在市场上疲于奔命，项目管理还处在初级的阶段，信息技术的应用也比较狭隘，甚至是被当作了装潢门面的工具。曾几何时，市场要求贯标，企业便纷纷穿靴戴帽，上下忙着编程序、作记录、补资料，对改善管理并未起到实质性的作用；建设主管部门说要将信息化作为特级企业考量的指标，许多企业便不惜重金，购置设备，搞起了项目的远程监控，其实多为摆设而已。与时俱进不是盲目跟风，而是循势而进，紧跟生

(写于 2019 年 4 月 16 日，该文发表在《中国建设报》等报刊上)

产力发展的脚步。当前，国家经济建设已经进入了新时代，高质量发展呼唤企业的管理进步，呼唤着信息互联技术在行业的广泛实际应用。我们的观念要随之改变，不能在企业信息化问题上再做表面文章，而是要顺应时代进步，遵循行业发展规律，契合企业发展实际，蹄疾步稳地积极推进。

2. 传统体制下的权力与利益分割问题

这里所说的传统体制可分为老传统体制与新传统体制。老体制所遗留的系统与部门分割问题，已有专家作过专门的剖析，由于管理权限的制约，政出多门，部门各自为政，形成的业务不通，数据阻隔现象积重难返，严重地影响着企业信息大系统的运转。而新的传统体制是指在改革开放以后，企业为应对市场逐步形成的形形色色的经济责任承包体制。这种体制的优势是落实了责任，激活了管理，有效地应对了多年来并不规范的建筑市场。但是它最大的弊端便是小团体的利益至上，一直以来影响着企业整体效益的提升。虽然不少企业一直在强化法人管项目，但根本问题还是未能解决。由于利益的长期分割，便自然会影响到企业内部管理的集中统一和信息传递。在企业高质量发展的转型期，影响企业系统管理升级的这一体制性问题应该得到有效的解决。

3. 两张皮形成的低效率问题

两张皮表面上是软件产品与企业管理契合度不高的问题，实际上是两类企业在市场上融合不深的问题。软件开发设计依据的是实体企业的管理需求，但是在实体企业，能把管理需求说清楚、讲明白绝非一件易事。不同的企业，不同的发展阶段，不同的管理层级，不同的工作岗位，对软件产品的需求千差万别。如果 IT 企业的信息化产品适用性不强，灵活性不足，将会导致脱离实际，应用效果不佳，很难达到提高管理效率和企业效益的目的。建筑企业如果在信息化的过程中不去结合自身实际深入研究，盲目搬来套用，失去主导地位，也会重蹈以往只做表面文章，管理效率依旧的老路。

4. 企业诚信与员工素养问题

这其实是一个企业文化的问题，也是一个普遍的社会问题。企业高层管理人员如果讲诚信，就会在财务报表、人员资质、投标报价、税费缴纳等环节循规守法，严格规范管理，就能保证企业信息化良性发展的方向。企业基层管理人员如果讲诚信，守规则，就会严肃认真、一丝不苟、原汁原味地填报项目生产经营的原始数据，使整个企业的信息统计可读、可信、可用。如果是相反，企业的管理层不重视文化建设，员工不遵循职业操守，企业的数据失真、分析失真、结果失真，就没有什么效率提升可言，企业在市场上也没有什么信用可言，更谈不上企业发展的现代化。所以说信息化的基础是企业的文化建设，这一点也不为过。

二、逐步完善企业信息化建设中的生产关系

1. 信息化建设到了真戏真做的阶段

建筑业的信息化正在被越来越多的企业所重视。人们讲，信息互联技术正在大幅推动社会生产力的发展，深深地影响着建筑业当前的进步。也有提出数字建筑的方案，认为建筑本体迫切需要通过对全过程、全要素的信息技术应用，重构崭新的生产关系。在建设主管部门的推动下，许多企业曾经为了保住特级资质，做过一些信息化的表面文章。可是时代不一样了，"信息化已经成为中华民族千载难逢的机遇"。转型中的中国建筑业正在摆脱以往市场竞争上的盲目性，正在不断优化企业内部的管理与机制，正在习惯文明、绿色的生产方式，正在培养高素质的产业工人队伍。产业现代化的迅速发展，建筑全生命周期的产品运营，企业内部精益化的管理，"一带一路"的国际化经营等，都在呼唤企业全方位信息化的到来。

生产力发展到新的阶段，信息化作为企业管理的高级形态必须要升级，作为一种生产关系也必须要作相应的调整。

信息化的成功载入必定是企业主要领导者主动作为的结果。有人说得好，信息化应用的结果必须要满足企业管理者的管理需求，满足实体企业的需求。如果说过去大都是依靠 IT 企业的现成软件去解决部门子系统的问题，那么现在企业就要从发展的实际与全局考虑，建立高质量发展的信息应用系统，实体企业必须要成为信息化的主导方，在 IT 企业支持下，设计开发出符合自身实际的信息系统，如此才谈得上效果的最大化。这其中，主要领导的管理思路必须要贯彻到信息运行系统的始终，主要领导者也必须亲自领导和推动，才不会使这一工作流于形式。

推动信息化是大势所趋，但是企业还是要结合自身发展的不同阶段，量体打造，从实际出发去具体运作。集约管理比较到位的企业可以率先投入、率先开发，引进更加完善的信息技术，扩大软件服务的覆盖面。起步较晚的企业可以先吸纳人才，夯实管理基础，待到一定的阶段再吸收别人较为成熟的做法，这样可能会成本更低，效果更好。

2. 信息技术要为企业转型中新的生产方式服务

建筑业在国家高质量发展的进程中正在发生着新的变化，企业的信息化建设必须要与新的生产方式和商业运行模式相同步，要为企业转型升级服务。建筑业正在推行装配式建筑技术与超低能耗被动式建筑技术，这种新的生产方式本身就包括信息技术的应用，尤其在全装修建筑工程中，信息技术将会发挥更加积极的作用。新的生产方式本身就要求更精准的管理，更高的效率，信息化可以使新的生产方式如虎添翼。国家正在实施的 PPP 商业模式，对于建筑业来说，其实就是推行建筑全寿命周期管理的科学体制。在这种商业运行模式中，信息技术不仅会对企业的降本增效起到积极的作用，而且会深刻地影响到企业长远收益与品质提升，影响到建筑物在全生命周期中运行效率、投入产出效益和社会效益。因此企业在实行新的生产方式和商业模式的项目上，应自觉地加快信息化建设的步伐。

3. 在管理较为系统化的部位先行推进

由于历史、文化和市场的原因，建筑企业内部的管理还存在着不完整、不连续、不规范的问题，生产关系中的许多弊端阻碍着生产力的发展，也阻碍着信息化推进的步伐。就像企业增值税改革中，以地材为主的一些采购和分包难以出具发票凭证一样，由于企业内部的一些体制、机制障碍，信息化一时还难以畅行无阻。因此，可以借鉴项目管理的经验，在管理完善、规范的项目上可以先行推进；在企业生产、技术系统可以先行推进，在取得经验后，再全面展开，这样做的成本可能会较低，效果也会较好。

4. 解决部门利益的分割，保证信息传递流畅

现代企业要求内部高度的计划性和精准管理，而计划性与精准管理必然来源于信息的集成与共享。目前许多企业的管理模式还比较落后，甚至停留在改革开放初期的承包式管理阶段。为调动各级管理层的积极性，企业在市场竞争中形成了许多潜规则，从分公司到施工项目，既有经济责任的指标，也有小团体利益的留成，每一个经济体基本上都有自己的蓄水池。在企业信息化的时代，这种利益分割和蓄水池就直接影响到信息传递的准确与真实，成了生产力提升的障碍。

许多大型企业早就提出了法人管项目的要求，但在实际运行中利益与责任的揪扯太多，基本上是藕断丝连。生产关系中的问题不解决，信息技术便很难真正推进。要解决这一问题，可以从两个方面入手：一是项目经营机制可以继续搞活，但法人管项目的力度必须加强，项目在经济利益上不留蓄水池，在基础信息上不留灰色地

带；二是项目管理人员实行市场薪酬制度。华为的经验告诉我们，符合市场规律的薪酬制度可以给管理人员以更大的工作激情，更强的责任意识，使他们没有后顾之忧。一切经济报酬皆来自于总部，彻底去掉信息化通道上的利益障碍。

5. 重视文化建设，提升基础信息的可用性

在管理数字化的过程中，基础数据主要是靠人工来完成的。实践证明，信息技术在专业企业研发下，发展都比较快，但在建筑企业内部，数据采集、数据处理、数据应用这三个环节中，都有需要解决的难题。首先是企业所有的基础数据要求及时、真实，这实际上是对人的素质要求。基础数据无意识的失真和有意识的失真都是企业管理的丢失、诚信的丢失，如此环境下的信息化搞得再花哨也无实际意义。在企业高质量发展的语境下，树立诚信意识，严格职业操守，加强企业文化建设确是当务之急；其次是数据处理。信息化的一项重要工作就是统一基础数据档案，统一核算口径，建立数据分析模型，杜绝部门之间数据分割、孤岛林立的状况；第三是数据应用。信息化的目的是要满足管理者的管理需求，也就是说要用于经营过程，提升企业管理效率，其实这是最值得思考的环节。如何面对海量的数据建立责任分析模型，如何分级判断经营的变化，分析市场的走势，这似乎是一门新的课程。因此，信息化不仅是一般员工的技术操作，更是企业高层管理者的管理理念和管理水平的提升。高层管理者也需要重新学习，要熟悉新的管理流程，不断引导数字建筑贴近企业实际，要学会分析、应用信息技术为企业决策服务，为企业发展战略服务。

信息化时代已经来临，我们要加快步伐，让建筑业搭上时代发展的快车，实现中国建造的新飞跃。

第二部分 建筑企业文化建设

　　企业文化不是人们凭空写出来的，自企业诞生之日起，企业的文化便开始孕育和发展。只是到改革开放以后，引进西方经济管理理念，才开始普遍地应用现代管理科学与企业文化这些词汇。有人说"十年企业看产品，百年企业看文化"，还是有一定的道理。习近平讲，中国特色社会主义道路说到底是要坚定文化自信，文化自信是更基本、更深厚、更持久的力量。从此以后，在中国大地上迎来了各个行业对文化建设的高度重视。为推动建筑企业的文化建设，2016年元月6日，中国建筑业协会成立了中建协建筑史志与企业文化建设分会，并推选我做首任会长。在过去的四年里，文化分会开展了"走百企"的调研活动，举办了每年一度的企业文化建设交流大会，举办了多期文化建设学习班，开展了建筑人喜闻乐见的文化活动。通过学习与调研，我撰写了一些有关文化建设的文章。研究了建筑行业的文化建设，概括与提出了鲁班文化的主要精神；思考了建筑企业的文化建设，提出了弘扬工匠精神、重塑中国建造品牌的愿景；剖析了企业员工的文化建设，提出了要建设以员工为中心的企业文化。这些讲话和文章大都发表在《中国建筑业》《中国建设报》《建筑时报》《建筑》等刊物上。

——作者

紧跟时代要求　推动建筑企业文化建设

　　中国建筑业协会经过研究，决定成立建筑史志与企业文化分会，这是顺应我国文化事业发展大局、顺应建筑行业改革发展大势的重要决定。经过这次大会的努力，选出了中国建筑业协会建筑史志与企业文化分会第一届的理事、副会长、会长。感谢中建协领导对我的信任，感谢大家对文化分会的支持。我在建筑企业管理岗位工作了多年，但在文化建设领域却又是一个新兵。我会不断学习，和大家一起努力，为我们建筑行业的文化建设事业做一些事情。

　　习近平总书记说，文化是一个民族生存和发展的重要力量。同样，文化也是我们建筑行业和企业生存和发展的重要力量。建筑企业几十年的发展成果既得益于改革开放的政策，也受益于现代化的企业管理理念。自从中央提出了社会主义核心价值观，提出了文化建设的新方向以后，企业的文化建设就遇到了发展的大好机遇。

　　改革开放以来，建筑业有了飞速的发展，我们可以理直气壮地说，中国建筑业已经成为国民经济的支柱产业。但同时我们也清楚，建筑行业的社会信誉目前还不高，市场上的一些违规操作与现场的质量通病都在给我们行业涂抹着大量的负面影响。在经济发展的新常态下，我们有必要从更高的层面和更新的角度来看待建筑业的发展。建筑业目前也存在着产能过剩，因此，我们的企业也要积极参与到国家供给侧结构性改革之中，不断提高建筑产品供给体系

　　（写于 2016 年 1 月 7 日，在"中国建筑业协会建筑史志与企业文化分会成立大会"上的讲话）

的质量和效益。我们要动员所有经营管理者和企业员工一起探求和遵守建筑业共同的价值观和行业规则，提升服务，引领消费，追求品质，诚信经营，形成良好的行业风气，树立新时代建筑人的新形象。这是建筑行业文化的重要内容。因此，文化建设是建筑行业重塑市场形象的重要窗口。

建筑企业在进入市场以后，都不同程度地应用现代管理的手段在经营企业，多数企业都建立起了自己的企业精神、经营理念、经营方针，员工守则等。不少的企业文化已经成为企业的灵魂，形成了员工共同的价值观，有力地促进着企业的发展。但是也有一些企业，他们的文化建设只是一些口号，停留在表面形式的层面。如果说在改革开放初期，企业竞争的是一般简单的生产要素，那么在经济新常态和高质量发展时期，企业必须要研究国家经济结构性改革的方向与特点，重新调整企业的经营方针与经营策略，焕发出新的活力，而这些调整都与企业文化有关。我们要把握时代进步的脉搏，研究新时期思想文化的特点，学习和弘扬优秀的企业文化，鼓励企业家和职工认真总结企业的传统文化，并在新形势下不断创新，形成企业独具风格的企业精神和经营理念，主动地适应和引领建筑市场的新常态。文化建设就是企业在新时期软实力的重要体现。

全面建设小康社会要以人民为中心，企业的改革与发展也是要以人为本。企业在追求经济效益和社会品牌的同时，要不断满足员工日益增长的物质文化与精神需求。建设企业文化就是要关爱员工，尊重员工，为员工提供发挥创造力与聪明才智的舞台，丰富员工的精神文化生活。同时也要关注农民工身份的转换和归属，研究新一代产业工人队伍的培养与建设问题。文化建设无疑就成了企业员工与企业同呼吸、共命运精神与信念的维系和依托。

文化建设既是全行业的需求，也是每一个企业的责任。我们建筑文化分会将会和全国的建筑施工企业一道，宣传和贯彻党和国家有关建筑业改革与文化发展的方针政策，向政府部门及时提供行业文化建设的信息；研究国家新常态下经济发展的特点与脉络，探求行业健康有效发展的规律与共同遵守的价值观，向政府提出文化建设方面的建议；调研不同企业发展的规律和文化建设，在全行业弘扬优秀的企业文化与精神；开展建筑企业文化建设的交流与培训，提高企业员工的职业道德与文化素养；举办相关文化活动，丰富建筑职工的精神文化生活；研究行业与地区的建筑发展史，关注企业家与优秀员工的成长，编写好《中国建筑业年鉴》。建筑文化、建筑企业文化都有着很深的内涵，也有着许多需要研究开发的课题。愿我们大家共同努力，在不断创新中有所收获。

2016 年建筑文化分会工作的重点是：

1. 开展建筑行业文化建设的课题调研，了解不同类型企业的文化建设特点和经验，在此基础上总结提出"十三五"建筑行业与企业文化建设的政策建议。

2. 举办企业文化建设、项目文化建设方面的交流和培训，用好互联网与现代传媒工具，促进企业文化建设人才队伍的成长，提高行业的信誉和影响力。

3. 为庆祝中国共产党建党 95 周年和中国建筑业协会成立 30 周年，组织开展摄影和歌咏比赛。

4. 举办首届建筑企业文化建设峰会，表彰"十二五"期间全国建筑业企业文化的优秀成果和突出人物。

5. 编辑出版《中国建筑业年鉴 2016 卷》，提高适用性，增加发行量。

2016 年是"十三五"规划实施的开局之年，是全面建成小康社会决胜阶段的关键之年，也是我们文化分会成立的起步之年。我们要按照中国建筑业协会的统一部署，精心策划，稳步推进，诚心依靠企业，注重调查研究，为建筑业的结构调整与改革发展凝聚精神、为提升建筑行业的社会地位和市场信誉发出强劲的声音。相信建筑业的文化建设在我们大家的共同努力下一定能有所作为。

传承鲁班文化　提升行业素质

一、文化建设是建筑行业共同关心的问题

1. 本次交流大会收到了丰硕的成果

习近平同志曾讲，文化是一个民族生存和发展的重要力量。最近又讲，中国特色社会主义道路说到底是要坚定文化自信，文化自信是更基本、更深沉、更持久的力量。李克强在政府工作报告中提出了"工匠精神"，工匠精神被赋予了中国制造的一种文化内涵。这次企业文化建设交流会议选在鲁班的故乡召开，其主题就具有了明显的特点：**坚定文化自信，弘扬工匠精神，传承鲁班文化，促进建筑施工企业文化的创新与发展。**通过领导的讲话和专家的报告，我们对于企业文化建设的意义及发展方向有了更为深刻的了解。许多企业在实践中总结出了适合于自身发展的企业文化，积累了丰富的经验。如中建八局践行"令行禁止、使命必达"的铁军文化，充分彰显了央企的责任风范；中建五局提出了"以信为本、以和为贵"的信和文化，受到了中宣部的肯定；中铁四局珍视历史优良传统，加强企业文化的系统性建设，将"企业文化节"等活动办得有声有色；中天企业文化发源于老企业的优良禀性和传统，在改革中形成了奋发进取、求真务实的"企业之魂"；中亿丰建设植根于吴地的"和合文化"，倡导员工快乐工作，健康生活；陕建十一建集团企业文化植根于部队的基因，形成了"服从指挥、能打硬仗、乐

（写于 2016 年 6 月 16 日，在"第一届全国建筑业文化建设交流会议"上的讲话）

于奉献、团结和睦"的企业精神；天一建设秉承"知荣辱、诚奉献、讲自律，求发展"的核心价值观，形成了天一特色企业文化。这些企业探索和强化自身的文化建设，有这样几个共同点：一是继承传统。把几代建筑人用心血和汗水凝结出的精神成果化作了新时期发展的无穷资源和动力；二是适时创新。面对建筑业在新常态下的转型升级，企业及时调整经营战略和管理理念，在创新中推动生产力的发展；三是以人为本。企业文化只有成为全体员工的共同实践，才会产生无穷的能量。这些企业不仅重视对文化的研究和总结，更重视以人为本，关爱员工，将文化精神内化于心，外化于行。

这次交流和研讨是一次有益和成功的尝试。

2. 建筑文化与行业的联系

中国建筑业协会领导在文化分会成立初期就指出：文化建设已经成为建筑业持续发展的短板，成立文化分会就是要探求行业健康有效发展的规律与共同遵守的价值观。在中建协的指导下，我们将文化分会的基本宗旨设定为三条：一是文化建设是建筑行业重塑市场形象的重要窗口。我们要宣传和贯彻建筑业改革发展的有关政策，动员行业的经营者与全体员工一起探求和遵守建筑业共同的价值观和行业规则，引领市场，追求品质，诚信经营，形成良好的行业风尚，树立新时期建筑人的新形象；二是文化建设是企业在新时期软实力的重要体现。我们要跟上时代发展的脉搏，研究新时期企业思想文化的新特点，认真总结与弘扬企业的传统文化，并在新形势下不断创新，形成独具风格的企业精神和经营理念，主动地适应和引领建筑市场的新常态；三是文化建设是企业员工与企业同呼吸共命运的精神维系。建设企业文化就是要以人为本，关爱员工，尊重员工，满足他们的精神文化生活，提高企业员工的职业道德与文化素养，为他们提供发挥聪明才智的舞台。文化建设既是建筑行业发展的需求，也是每一个建筑企业的责任。

3. 行业文化建设是建筑行业共同关心的问题

企业文化与行业文化有共性，也有区别。企业文化是企业依据自身发展的传统和实践，逐步建立起来的企业精神、发展战略、经营理念、经营方针、管理制度、员工守则等属于文化精神层面的承载，它具备附着、独有、传承、实用、执行等特质。行业文化是一个行业内大家普遍认可、共同尊崇的一种操守、一种精神、一种执业态度、一种价值取向。行业文化体现着建筑行业对社会与市场的诚信态度，体现着中国建筑工匠专注与坚守的气质，体现着现代建筑人与时俱进、追求完美的品德。这种态度、气质和品德都内涵在了企业文化之中。因此，建筑企业文化的共性一般都表现出了行业文化的特点。

建筑行业与企业文化建设是大家共同关心的话题。在这里我主要侧重建筑行业文化建设当前遇到的问题以及在新形势下如何创新发展谈一些看法，与大家一起讨论。

二、精神文化的缺失制约着行业的健康发展

1. 建筑行业文化缺失的一些表现

建筑业已经成为国民经济的支柱产业，建筑业精神文明与文化建设随着整个行业的快速发展也有着明显的进步。但是，建筑行业的社会信誉目前还不高，市场上的一些违规失信行为、质量安全事故都给行业带来了大量的负面影响。业内人士也或多或少地能感觉到行业目前出现的一些弊端，我们从外在的表象中稍加留意，就能观察到由于文化与精神的缺失而划过的痕迹。

改革开放以来建筑业规模提升很快，做大做强几乎成了所有企业的战略定位。许多企业片面追求市场的影响力，过多地看重规模，盲目扩张。行业的快速膨胀致使招投标市场企满为患、人满为患。不仅虚构出了全国建筑市场上的产能过剩（实际上许多企业并

不具备与资质相匹配的生产能力），人为地增加了市场的交易成本，增加了市场的盲动性，而且也使一些企业迷失了发展的方向，甚至背上了沉重的债务包袱。

建筑业是一个艰辛的行业，企业发展需要一个逐步积累进步的过程。但是在经济高速增长的背景下，一些企业经营者总是希望能够轻松取巧，寻找捷径。他们将内部严密精细的管理寄托在层层承包上；将开拓市场、提升规模依赖在合作挂靠上；将现场的施工管理放手给各类分包。表面上企业取得了一时的繁荣与扩张，但从根本上却削弱了企业法人应有的约束与管理，侵蚀了企业的品牌与文化。从行业层面来讲，挂靠承包等带来的过度无序竞争，导致企业间以邻为壑，导致了人们对企业信誉和市场道德的漠视。

在残酷激烈的市场竞争中，一些企业不守信用，违背合同承诺，违规转包工程，随意拖延工期，无休止的扯皮，给行业涂上了朦胧的灰色；同样由于信任的缺失，一些业主和地方政府违规要求企业垫资、提供名目繁多的保证金，随意拖延决算、拖欠工程款。建筑行业的信用缺失不仅干扰了市场正常的秩序，还严重地损害着社会的公平正义。

近年来，从行业整体上看，工程质量逐步上升，施工技术也在不断创新。但是少数企业发生的质量安全事故却在全国引起了持续的反响，对行业产生着不断被放大的负面效应。工程的渗漏问题、裂缝问题几乎是到处存在，难以禁绝。这里面直接反映出了施工的严谨问题，精细问题，责任心问题，工作态度问题。我们经常埋怨业主单位滥收各种保证金，呼吁社会和法律主持公正。但是只要行业的这种管理松弛、粗制滥造的行为还存在，建筑业遭人诟病的理由就不会消失。

2. 行业文化缺失的根源

企业文化作为一种管理理论，是在改革开放以后，受到西方管理学的影响才开始逐步研究和探索，行业文化更是少有人去重视和研究。我们在分析建筑行业文化缺失的根源时，有必要从传承演变的角度来看待这一问题。

首先，师徒传艺的规矩文化在特定的历史时期被毁坏并逐渐淡漠。从工匠祖师鲁班开始，建筑业师傅带徒弟，技艺和规矩口口相授，代代相传。没有规矩，不成方圆，这是中国最原始的规则理念。尽管建筑业过去少有行业的标准，缺乏文字的记载，如果不是梁思成老先生及时抢救，中国古建筑的许多资料很可能早已丧失殆尽。但是规矩地做事，诚实地做人一直是中国工匠文化的内核。赵州桥、小商桥一千多年仍然坚固屹立，红旗渠五十年依然滴水不漏，其中无不深藏着中华传统文化和工匠精神的精髓。然而，20世纪"文革"这样一场浩劫，毁坏了中华传统文明的自觉，并长时期地影响着行业的道德与风气，造成了人们对道德与规矩的漠视，造成了文化与价值观的长期缺失。

其次，从客观现实来看，中国建筑业长期处于社会的底层，不为人们重视，很难形成强大的文化基因。在国家经济统计表中，建筑业总是缀在工业统计的末尾；在警匪影片里，建筑工地总是藏污纳垢的处所。建筑行业门槛较低，舞台广阔，各路神仙都能来此一游，容易形成鱼龙混杂的环境。再加上建筑产品又与人们生活切身利益相关，行业的负面影响总是多为社会所关切，行业的不良信息易被媒体放大，行业的文化自信不可避免地受到了外界的干扰。

第三，在市场经济条件下，人们在追逐经济利益中的短视行为导致了行业文化的缺失。虽然我们承认物质利益的原则，也认同企业追求经济利益的合理性。但是在相当长的一个阶段，行业内弱化了对诚信的坚守，弥漫开了投机的空气，人们学会了市场的变通术，规矩可以变通，程序可以变通，管理也可以变通，围标串标，联营挂靠成了大家习以为常的行为。急功近利、心浮气躁，其实质也是企业对未来愿景和发展不自信的表现。

第四，长期忽视了对操作层的教育培训。由于规模增速过快，劳动力成为稀缺资源，操作层长期处于不稳定状态，许多企业根本顾不上精细的管理，人们在重视对知识员工教育培训的同时，忽视了对普通技术工人，尤其是对进城务工人员的教育培训。工匠精神需要长期的熏陶和磨炼，企业员工也需要有一个稳定、长期的学习平台。新时期的工程质量要求每一个部位都要精细操作，完美无缺，可是在快节奏的现实中，工程分包对象、具体部位的操作人员的操作技能和负责精神却很难达到如此的境界。

第五，我国的传统文化体现在施工操作中，也有着天然的缺陷。中国人在相同的要求下可以有多种行为，德国人在一个规矩里只会有一种表现；循规蹈矩在中国暗含着消极是贬义的，而循规蹈矩在德国人眼里只能是严谨、坚守、执着。在施工领域，一些西方国家的传统文化对工程质量有着近乎苛刻的标准，而我国传统文化正缺少这样的内涵。可以看出，对规范、标准的有效遵守和执行，多数时候不是靠行政命令，不是靠纪律，不是靠物质诱惑，而是长期形成的一种品质，一种道德，一种习惯。

因此，可以说，抓几次严格的质量安全检查，可以促成几个文明工地的产生。培养几个优秀的项目经理，可以建成若干个典型的优质工程。可是要在所有的工程上体现出企业的品牌，要在整个建设领域体现出行业的信誉，靠的是文化的力量，是对一种文化与信念的坚守。厉以宁不久前在《大变局与新动力》一书中讲，在市场调节与政府调节之外，要重视第三种调节：道德力量调节，也就是文化调节。文化调节就是每个人都要自律，都要遵守公共规则。在国家经济进入到新常态，建筑业面临转型发展的新阶段，着力塑造建筑行业与企业的精神文化与价值观，就显得非常迫切与必要。

三、借助鲁班文化提升行业的素质与从业者的素养

1. 工匠精神的提出

李克强在政府工作报告中讲，要培育精益求精的工匠精神。我的理解是：其一，工匠精神是总理在加快供给侧结构性改革的背景和前提下提出来的，明显有着很强的针对性。要从根本上提升中国工业产品的质量水平和消费服务，秉持和坚守工匠精神是重要的前提。其二，我国的经济发展在高速奔跑之后的转型期，除了市场和政府的调节之外，还需要用工匠精神这样的文化力量进行调节。其三，工匠精神是一种文化，一种精神层面的追求。未来的经济与社会发展需要这种文化与精神的营养。

2. 鲁班文化的核心及其内涵的延伸

鲁班是建筑工匠的祖师，是"百工圣祖"。1987年，中建协设立中国建筑工程质量最高奖——鲁班奖，是要以鲁班为精细建造的象征，推动我国工程质量的提升。中建协提出宣传鲁班文化，其核心就是要更好地弘扬工匠精神，以鲁班作为一种象征，以建筑行业文化建设为契机，来推动行业在新常态下实现转型升级，为建筑业的持续发展服务，为长远的建筑历史负责。通过潜移默化的文化建设，使中国建造能走向世界，使中国成为名副其实的建筑强国。

在建筑行业近几十年实践的基础上，我们将新时代的工匠精神加以延伸，提出了鲁班文化的基本内容，就是：

严守规矩，诚信执业的工匠本色

勤于思考，勇于探索的创新意识

吃苦耐劳，爱岗敬业的奉献精神

尊重规律，求真务实的科学态度

精益求精，追求卓越的品牌战略

互相帮衬，合作共赢的行业风尚

严守规矩，诚信执业的工匠本色。一个企业，一个项目，一个建筑行业的执业者，要坚守信念，忠诚履职。要严格遵循国家和行业的政策、法令和基本规则，诚信经营，诚信守法，诚信执业，诚信做人。大家用共同应该遵守的道德与诚信去扫除行业的雾霾，净化市场的空气。

勤于思考，勇于探索的创新意识。现代建筑人要继承和发扬鲁班敢于创造的精神，同时也要发扬企业家的精神，与时俱进，勇于创新，敢于担当。在当前要树立新的发展理念，不断追赶和超越国际上先进的施工方式和施工技术，在推进我国建筑产业现代化的进程中有所发明，有所创造，有所成就。

吃苦耐劳，爱岗敬业的奉献精神。建筑业本来就是一个艰苦的行业，但历经艰苦最终却有收获、有成就、有幸福。许多企业通过艰苦卓绝走向了新的辉煌，许多人士历经磨难到达了成功的彼岸。工匠精神的价值就在于对职业的敬畏，对目标的坚守，这种信念和坚守的力量是企业和人生最宝贵的资源和财富。

尊重规律，求真务实的科学态度。经济发展有自身的规律，建筑业发展也有自身的规律。经济的高速增长带来了财富的积累，但也在某种程度上给行业科学发展带来了新的问题。鲁班文化就是要脚踏实地，尊崇规律，不图虚名，求真务实，用科学的态度去经营企业，在提高企业运行质量和效益上下功夫。

精益求精，追求卓越的品牌战略。鲁班文化集中体现着传统工匠对产品精雕细琢、追求完美和极致的精神理念，工匠精神内含着沉重的社会责任和职业品格。成熟的企业不仅要把眼光放在几个"大工匠"和一些技术含量较高的部位，更要在建筑产品的所有部位、在建筑队伍的所有岗位提倡工匠精神，精益求精、重视细节、追求卓越。企业都能以此作为自身的发展战略，行业的信誉和形象就将会焕然一新。

互相帮衬，合作共赢的行业风尚。建筑市场多年来都充满着高危的风险与残酷的博弈，说文明一点叫过度竞争。这种过度竞争主要是体制和政策造成，但也与行业文化有关。在经济社会发展到一个较高的阶段时，企业之间竞争的关系将会转化为竞争合作的关系。随着建筑业分工的进一步科学合理及生产方式的逐步改进，行业内更需要体现合作共赢的文化，体现利益共同体的意识。合作共赢与互相帮衬，也会净化市场的风气，减少交易的成本，提高行业的文明程度。

四、行业文化建设是一项长远的系统工程

1. 要在全行业宣传鲁班文化，提升整体文化素养

每一个行业都有自己的历史传承和文化底蕴。我们提出鲁班文化并赋予其更多的内涵，就是要树立新的发展理念，主动进行建筑业供给侧结构性改革，引领行业加快转型升级的具体体现。文化分会和所有会员企业，都有责任在全行业宣传工匠精神和鲁班文化，传播建筑业的好声音、好故事。要在新的发展理念指导下，继续加强与创新企业的文化建设。将鲁班文化渗透到企业的经营管理活动中，渗透到从业人员的执业行为中，从根本上提高产品和服务的质量，提升行业的素质和社会信誉。

2. 要将鲁班文化植根于行业的各项活动中

中建协已经建议政府主管部门，将鲁班文化和工匠精神列为建筑业改革发展的一项重要工作，作为行业文化建设和提升软实力的核心内容，与体制、机制、制度等建设四位一体，自上而下共同推进。最近中建协已将企业文化建设作为一项重要的内容，纳入双200强企业的评选。这些无疑都是对行业文化建设最具体、最有力的支持。

3. 要与行业诚信体系建设并肩而行

建筑行业的文化建设还要和征信体系的建设紧密配合，协同前行。这就像社会道德的倡导与法律的约束相互作用一样。我国经济发展到了严格规范的时期，文化建设也到了深入人心的阶段。只有两轮驱动，共同发力，才能给整个建筑行业带来一个舒适、明亮的环境。

4. 要从培训入手，教育和影响每一个劳动者

使从业者都能理解和自觉遵守行业的价值观和企业文化，是一个艰难而持久的过程。大国工匠的典型好找，企业每个普通劳动者的具体行为却难以把握。建筑是一个复杂的系统，对行业规则、技术标准、职业道德的要求要具体化到每一个从业者，眼下最急迫的就是加强对农民工及劳务分包队伍的教育和培训，需要做长期的规划和努力。

5. 文化分会要主动做好行业文化的宣传和服务工作

宣传行业文化是我们文化建设分会的本分，推动企业文化发展是我们的职责。分会要在中建协的统一部署下，虚心向企业学习，为企业服务。也相信在我们的共同努力下，鲁班文化和工匠精神一定会在行业内发扬光大。

建筑企业文化建设的特点及当前需要关注的问题

我国建筑业已经进入到转型期，面对新常态的经济背景，行业的生产方式，企业的发展战略都面临着一场新的挑战，这其实是企业在新时期文化层面新的较量。在建筑行业全面推动企业文化建设，弘扬社会主义核心价值观，弘扬工匠精神与鲁班文化，是建筑施工企业应对新挑战、实现可持续发展的内在要求，也是每一个经营管理者的历史责任。

一、建筑企业文化建设的基本特点

企业文化的定义与建设大家都已经熟知，许多企业在实践中也积累和总结出了非常成功的经验。建筑行业作为国家经济部门的一个特殊分类，有着自身不同的特点。因此，建筑企业在文化建设中也很自然的表现出了行业的某些特点。

1. 文化建设的行业印记与历史传承性

建筑行业最悠久的传统文化莫过于师徒传艺的规矩文化。从祖师鲁班开始，师傅带徒，技艺和规矩口口相授，代代相传。"没有规矩，不成方圆"至今维系着中国建筑行业的行为准则。历史上，建筑工匠从来都是居无定所，漂泊迁徙，形成了吃苦耐劳的性格，形成了在社会的夹缝和底层忍辱负重的精神和对营造担当诚信的匠心。我国的许多大型建筑企业历史上都是由部队转业而来，这支队伍里一开始便流淌着军人的血液，有着一种艰苦奋斗、不怕牺牲、

（写于 2017 年 3 月 9 日，在"第二届全国建筑业文化建设交流会议"上的讲话）

百折不挠的英勇气概。中国建筑行业中这些最原始、最朴质的基因和精神造就了建筑企业文化的基础。随着改革开放的不断深化，企业学习和应用现代化的管理理念，根据队伍自身的特点和工作实践，不断探索与总结经营管理中的经验与规律，形成了符合企业实际、符合发展要求的企业文化。这种文化是在历史的实践中不断被证实、不断被完善的企业精髓，她的一个鲜明特点就是历史的传承性。我们许多企业文化的根基也在于此。文化建设应该尊重企业发展的历史，珍惜前人在实践中积累的宝贵经验与优良传统。

2. 文化建设与社会价值观及国家政策的相关性

首先，建筑企业文化与社会主义核心价值观及中国传统文化密不可分。建筑业的发展离不开社会的进步，连接着千家万户，关乎百姓的生活，企业的文化要与社会主义核心价值观相一致，要与期盼宜居生活的老百姓的需求、利益相吻合，这样才能产生强烈的社会共鸣与内部力量，国有企业的文化建设还要更好地与党的思想政治工作相结合；其次，建筑企业文化要密切关注国家经济政策的变化。建筑业的发展与国家政策的相关性极大，例如当前的供给侧结构改革，建筑行业在去产能中就首当其冲。因此，企业随着政策的变化要调整自身的发展战略、发展理念和经营方针，以适应新常态下的经济环境，以适应不断提升和更新的市场需求。

3. 文化建设的开放、创新性

建筑行业是国家改革开放较早的领域。建筑业三十多年前就打破了地域壁垒，走出了本土，走向了世界。建筑业门槛也较低，行业兼收并蓄，各式的人物，各类的队伍都进入了这一市场。虽然带来了鱼龙混杂的局面，但也创造了相互学习的机会，造就了不断创新的动力。加之工程项目的开放性、可视性，在建筑领域很少有密可保，新的技术，很快就被广泛应用；新的市场，不久就会人满为患。在建筑行业，别人优秀的经营管理成果，易于被自己学习和应用，自身的企业文化也易于被外界宣扬和传播。这就是我们常看到的许多企业在理念、战略、制度等方面有许多相似之处的原因。

建筑企业文化建设的这种特性，使得它必然地要适应企业生产力的变化，追寻建筑产业现代化的步伐，以新的理念、战略、引导企业发展。

4. 文化建设对工程项目的依托性

建筑业推行项目管理已有三十年的历史，随着项目管理的日臻成熟，人们应该更深地理解到工程项目是企业的管理重心、是市场经营窗口的这一判断。企业的文化建设必然要依托于工程项目，必须要落地生根在工程项目，项目文化建设是企业文化建设的组成与延伸。这应该是建筑企业文化建设最突出的特点。我们研究工程项目的文化建设要注意两个方面，一是项目文化建设要完整地体现企业的文化精神与经营理念，尤其是工程建设组织方式发生变革，人们充分认识到法人管项目的重要性之后，项目更要树立大局意识、资源共享意识、企业品牌意识，将企业文化与精神突出、鲜明地展示在项目窗口上。二是项目文化建设在具体执行中要因地制宜，勇于创新。要在创新项目生产力理论、在推动传统生产方式升级改造、在推动绿色施工、在探索项目全寿命周期管理等方面有所作为，以项目文化具体的、持续的创新来促进企业的转型升级。

5. 文化建设更加注重人本性

建筑施工体制改革以来，许多大型企业都逐步转变为管理密集型企业。但是作为一个行业，建筑业仍然还属于劳动密集型的范畴，在工程项目上依然有着劳动密集的特点。建筑业的流动分散特点再加上"两层分离"后劳务层的分包问题、项目上众多分包商的合作问题等，企业文化建设面对的群体更多、更复杂。因此，就要更加注重以人为本，更加注重对人的管理和引导。从另一个角度讲，文化建设又是企业员工与企业同呼吸共命运的精神维系，企业文化以人为本，关爱员工，尊重员工，满足他们的精神文化生活，为他们提供发挥聪明才智的舞台，这也是文化建设题中应有之义。

二、当前建筑企业文化建设需要关注的问题

在建筑企业文化建设中，许多单位都探索出了新的路径和值得借鉴的经验。结合新常态下建筑业的发展实际，这里提出在企业文化建设中需要关注的几个问题，供大家参考。

1. 践行新的发展理念，促进企业的转型升级

在经济新常态下，中央提出了"创新、协调、绿色、开放、共享"新的发展理念，不久前国务院又发布了《关于促进建筑业持续健康发展的意见》。国家从顶层设计上给建筑业指明了方向，也提出了要求。工程建设组织方式需要改革，工程质量安全需要提高，建筑产业现代化需要推进，从业人员素质需要提高。企业的发展战略、经营方针必须要与国家政策相衔接，必须要与经济发展机遇相适应。因此，建筑企业的文化建设要在传承中寻求创新，要在坚守中适时调整，紧紧围绕供给侧改革这一主线，有力地推动企业在新常态下转型升级，推动建筑行业生产方式的升级改造。

2. 弘扬工匠精神，厚植工匠文化，打造"中国建造"品牌

总理在今年政府工作报告中又一次提出要弘扬工匠精神，弘扬工匠文化。去年我们在文化建设交流会上将建筑业的鲁班文化归纳为六点：

严守规矩　诚信执业的工匠本色
善于学习　不断探索的创新意识
敢于担当　尽责敬业的奉献精神
尊重规律　求真务实的科学态度
精益求精　追求卓越的品牌战略
友好互助　合作共赢的行业风尚

工匠文化最核心的就是诚信执业，精益求精。当今的市场需要高品质、安全、美观、宜居、绿色的建筑产品，企业的文化建设要着眼于工匠精神和鲁班文化的培育，精心塑造品牌，力争每建必优。要大力宣传建筑工匠的典型，讲好建筑业的质量品牌故事，推动中国建筑进入质量时代，推进中国建造走向世界。

3. 弘扬企业家精神，在行业培植勇于担当、崇尚诚信的风气

有人说企业文化就是企业家的文化，虽说这种表述不够准确，但从另一个角度道出了企业家对于企业的重要性。当前重提发扬企业家精神，其一，是因为新旧转换的关键阶段，经济要走出低迷的现状，需要企业家群体奋发有为，砥砺前行，引领和激发全社会创新与创业的活力；其二，民营企业进入到第二代接班时期，国有企业依赖政府支持和资源优势的时代已经过去，在一个公平竞争的环境下，企业都面临着新的挑战；其三，在供给侧改革的新背景下，企业家敢于担当、勇于创新、诚信执着等优秀品质已经或者正在成为企业转型升级的主要原动力。激发和保护企业家精神，就是要在企业内部着力打造勇于担当、诚信经营的风气和品质。

4. 在推进混合所有制改革中建设多元共生的企业文化

当前，推进混合所有制改革，对于国有企业、民营企业都有着广阔的空间和机遇。投资主体的多元化必然带来管理结构、队伍构成的多元化，必然带来企业收益和收入分配的多元化。这些变革也会引起企业文化、理念、制度的再调整和再创新。建筑企业的文化建设要着力研究这些变化对于企业发展转型的影响，研究不同层次企业员工的利益诉求和价值取向，增强企业文化的包容性，使企业文化认同的公约数达到最大化，使企业的体制和机制逐步适应产业现代化的需要，提高企业的市场竞争能力。

5. 关注农民工的融入问题，培育现代建筑产业工人队伍

建设部最近提出了提高工人素质，培育现代建筑产业工人队伍的要求。建筑劳务产业化，就是要使千百万进城务工人员通过素质的提高和自己的努力，稳定地在一个企业服务，并且有自己的地位和尊严。进城务工人员没有归属，一直处于流动状态，就谈不上工匠精神的形成，更谈不上工程质量有永恒的保证。大型建筑企业、专业劳务企业都应该重视并研究这一问题，从解决劳动者身份归属入手，使进城务工人员相对稳定在一个企业，实行公司化的管理，对他们进行管理制度、技术质量、安全防护等方面的长期培训，使他们融入企业的文化，成为产业工人队伍中的一员。这是企业在资源配置中重要的发展战略，也是企业在文化建设中一项长期的任务。

6. 企业文化建设的方式要与时俱进，满足员工的精神需求

进入信息时代，工作和生活节奏都在加快，人们对文化宣传的接收与适应也在发生变化。面对文化程度更高、思想更活跃的新一代建筑人，企业的文化建设要与时俱进。要在建设内容上更多地增加年轻人喜闻乐见的形式，在建设手段上更多的应用信息互联技术，应用"两微一端"的媒体平台，逐步探索大数据在丰富企业文化建设与改善员工工作和生活方式中的应用。企业员工不仅是企业文化宣传的对象，更是建设文化、认同文化、享受文化和创新文化的实践者和受益者，要将企业文化建设变作是员工自我完善、实现自身价值的自觉过程，不断提升员工在企业的归属感和幸福感。

国家明确了建筑业是国民经济支柱产业的地位，建筑业的又一个春天到了。建筑企业的文化建设要借助春风，助推企业转型升级，助推中国建造走向世界。

鲁班文化与建筑业的转型发展

一、弘扬传统文化是中华民族伟大复兴的时代呼唤

什么是文化，文化是一种社会现象，是人们长期创造形成的产物。同时又是一种历史现象，是社会历史的积淀物。确切地说，文化是指一个国家或民族的历史、地理、风土人情、传统习俗、生活方式、文学艺术、行为规范、思维方式、价值观念等。

中国传统的文化成就了中华民族几千年的文明历史。习近平讲，中华文化源远流长，积淀着中华民族最深层的精神追求，代表着中华民族独特的精神标识，为中华民族生生不息、发展壮大提供了丰厚滋养。中华传统美德是中华文化精髓，蕴含着丰富的思想道德资源。

文化缺失是当前经济社会发展急需补上的短板。在国家经济高速发展的这些年，我们却遗失了许多精神文化层面可贵的东西。社会道德，社会诚信，社会风尚，职业操守出现的问题已经严重影响到经济社会的发展，阻碍着各个行业现代化的进程。从某种意义上讲，国家经济发展目前不缺规模，不缺资金，不缺技术，甚至不缺人才，缺的是民族整体文化素质的提升，缺的是社会信用的恢复，缺的是所有行业道德风尚的纯洁净化和精神文明的与时俱进。

经济学家厉以宁不久前讲，在市场调节与政府调节之外，要重视第三种调节：道德力量调节，也就是文化调节。文化调节就是每

（写于 2017 年 6 月 16 日，在曲阜"第一届鲁班文化大讲堂"上的演讲）

个人都要自律，都要遵守公共规则。在国家经济进入到新常态，建筑业面临转型发展的新阶段，着力塑造建筑行业与企业的精神文化与价值观，就显得非常的迫切与必要。

二、鲁班文化是中华传统文化的重要组成部分

1. 中华传统文化是民族安身立命的根基。习近平讲，中国特色社会主义道路说到底是要坚定文化自信，文化自信是更基本、更深厚、更持久的力量。

要认真汲取中华优秀传统文化的思想精华和道德精髓，大力弘扬以爱国主义为核心的民族精神和以改革创新为核心的时代精神，深入挖掘和阐发中华优秀传统文化讲仁爱、重民本、守诚信、崇正义、尚和合、求大同的时代价值，使中华优秀传统文化成为涵养社会主义核心价值观的重要源泉。要处理好继承和创造性发展的关系，重点做好创造性转化和创新性发展。

2. 工匠文化是中国传统文化的重要组成部分。鲁班是与孔孟同时期的传统文化伟大先贤。鲁班是一个刻苦钻研技术，有创新精神的实干家兼发明家。按照墨学专家的观点："鲁班和墨子同辈同时，也基本上同专业，两人相辅相成，不可分离"。鲁班以手工操作为职业，钻研技巧，精益求精，集工匠、大匠师、技术家、发明家于一身，把工匠技巧发挥到了极致。而墨子崇尚科学，以人为本，兼通工匠技巧，是著名的哲学理论家。以鲁班为代表的中国传统工匠，用汗水和智慧创造了伟大的物质文明，正是这种文明支撑和延续了中华传统文明的发展。这其中既有工匠营造技艺的延续，更有工匠精神文化的传承。这种传承与孔孟儒家思想同样是中华传统文化中珍贵的瑰宝。

3. 工匠精神与文化是中国建造走向世界的不竭动力。中国制造业受传统文化中重农抑商的思想影响时间太长，导致市场经济起步

太晚，因此，经济发展重速度，轻质量；重数量，轻品牌，重承诺，轻信用。这些都与长期不重视工匠文化的宣传和工匠精神的弘扬大有关系。中国制造2025的规划和目标已经提出，前不久建设部也提出了中国建筑业的"十三五"规划，并明确提出了中国建造的概念。这是中国建筑业对世界庄重的宣言。要将它变为现实，首先就要弘扬中华传统文化，弘扬伟大的工匠精神。用工匠精神凝心聚力，激励新一代的建设者，去实现中国建造走向世界的行业梦想。

三、鲁班工匠文化的内涵与建筑业当前的发展

鲁班是建筑工匠的祖师，是"百工圣祖"。1987年，中建协设立中国建筑工程质量最高奖——鲁班奖，是要以鲁班为精细建造的象征，推动我国工程质量的提升。去年我们在曲阜开首届建筑行业文化建设研讨会时，提出宣传鲁班文化，其核心就是要更好地弘扬工匠精神，以鲁班作为一种象征，以建筑行业文化建设为契机，来推动行业在新常态下实现转型升级，为建筑业的持续发展服务，为长远的建筑历史负责。通过潜移默化的文化建设，使中国建造能走向世界，使中国成为名副其实的建筑强国。

习近平总书记在阐述中华传统文化时讲过，要处理好继承和创造性发展的关系，重点做好创造性转化和创新性发展。

在建筑行业近几十年实践的基础上，我们根据建筑业在新常态下发展的实际，将新时代的工匠精神加以延伸，赋予了鲁班文化新的内涵，希望它能更贴近行业的实际。

1. 严守规矩，诚信执业的工匠本色

当前缺乏诚信已经成为社会与经济治理不容回避的问题。

今天的建筑市场，人们普遍认为不规范的行为很多。在建筑企业来看，施工企业处处承受着不公正的待遇。在社会和业主的角度看，建筑市场比较混乱，尤其是对施工企业信任度较低。由于信任

的缺失，导致出许多复杂的问题和矛盾（投标中的围标问题、建设中的保证金问题、工程款的支付问题、按期结算的问题，还有PPP合作的信誉问题等）

这些不信任是我国建筑市场发展过渡期内客观存在的一种现象。虽然信任缺失是双向的，但这种不信任大都又指向施工企业，这种认识又有着较为普遍的社会认同基础。诚信的缺失不仅影响到施工企业的正常运营和发展，降低社会的效益和效率，干扰了市场的正常秩序，还严重损害着社会的公平和正义。

重民本，守诚信。就是要坚守信念，诚信经营，严格遵循国家和行业的政策、法令和基本规则，用诚信树立起现代建筑人的品牌。建筑要对社会、人民和历史负责，建筑施工必然要体现出高度的责任感与使命感，用担当与诚信撑起全面小康的坚固大厦。

诚信经营，诚信守法，诚信执业，诚信做人。让我们用共同遵守的道德与诚信去扫除行业的雾霾，净化市场的空气，还未来建筑业一片蓝天。

2. 善于学习，不断探索的创新意识

历史上鲁班有着许多发明与创造的动人故事。

现代建筑人要继承和发扬中国历史上科学巨匠的创造精神。鲁班的创造发明与中国历史上的四大发明都是民族的骄傲。中国已经建起的高速铁路、超高层建筑、港珠澳大桥等世纪工程，更是体现了大国工匠新时代的创新水平。

虽然我们国家建筑业规模比较大，但平均水平与世界发达国家相比，无论在施工方式、工作效率、管理效能还是节能减排方面，都存在着很大差距。

习近平同志指出，要"推动中国制造向中国创造转变、中国速度向中国质量转变、中国产品向中国品牌转变"。这是创新发展，质量兴国的动员令。

国务院不久前专门为建筑业开会，并提出了创新发展新的规划，这是建筑行业转型升级一次新的机遇。

我们要发扬企业家的创新精神，面对经济新常态的挑战，勇于创新，敢于担当。在当前要树立新的发展理念，不断追赶和超越国际上先进的施工方式和施工技术，在推进我国建筑产业现代化的进程中有所发明，有所创造，有所成就。

3. 专业担当，尽责敬业的奉献精神

工匠精神也被称作专业精神。它源于内心对职业敬重与追求。孟子曾称赞鲁班"公输巧，不以规矩，不能成方圆"，鲁班祖师是第一个看重规矩的人。现代德国制造业中的职业坚守也是属于这种精神。西方工匠把这种精神也称为内在的利益，以区别表面上对物质利益的一般追求。认为这种追求是内心渴望的、不可替代的独特追求，他们称之为志业，也就是专业精神。

工匠精神就是矢志不渝的专业精神。工匠精神的价值就在于对职业的敬畏，对目标的坚守，对责任的担当，这种信念和坚守是专业的人生对梦想的追求和精神上的享受，这种信念与坚守的力量是企业和人生最可宝贵的资源和财富。

工匠精神作为一种社会价值观，不仅仅是体现在几个能工巧匠身上，不仅仅是宣传几个典型人物，工匠精神是应该为整个行业所认同，为整个民族所遵守的思想行为。它不是个别人的行为，而是作业者群体的操守，它不是要争取几个鲁班奖的奖牌，而是要追求中国建造的整体品牌。专业与坚守只有作为一种文化，渗透和融入每一个从业者的灵魂之中，行业的产品质量才有保证，市场交易和人际交往中才可能风清气正。

4. 尊重规律，求真务实的科学态度

中国传统的工匠是脚踏实地的劳动者与建设者，实实在在做事，老老实实做人，成就了中华大地上不朽的宏伟建筑，也成就了

一代又一代建筑巨匠。

经济发展有自身的规律，建筑业发展也有自身的规律。经济的高速增长带来了财富的积累，但也在某种程度上给行业科学发展带来了新的问题：盲目攀比规模，追求表面业绩，喜欢稀奇奢华，热衷轻松取巧。在新常态的形势下，这些做法的弊端逐渐显现，这应该引起全行业认真的反思！鲁班文化就是要脚踏实地，尊崇规律，不图虚名，求真务实，用科学的态度去经营企业，用务实的精神去营造精品，在提高企业运行质量和效益上下功夫。

企业发展追求数量还是质量；装配化是完成任务还是遵循经济规律；PPP模式是做新一轮的政绩工程还是营造百年大计，这些发展中的大问题无不反映着对尊重规律与求真务实的态度。

5. 精益求精，追求卓越的精神理念

鲁班文化集中体现着传统工匠对产品精雕细琢、追求完美和极致的精神理念。以鲁班为代表的中国工匠的传统作品，留存至今的赵州桥、大雁塔、故宫、都江堰、红旗渠都代表着中华民族工匠追求完美的精神。

工匠精神在德国被称为"劳动精神"，在日本被称为"匠人精神"，在韩国被称为"达人精神"。不少人热衷于使用德国、日本的产品，是相信他们普遍的社会信誉和工匠们的专业精神。在我国在改革开放的大背景下，不乏速度和创造，但其中也有许多产品被大家戏谑为"山寨产品"。

李克强总理讲，质量之魂，存于匠心。要大力弘扬工匠精神，厚植工匠文化，恪尽职业操守，崇尚精益求精。要推动中国经济发展进入质量时代。

工匠精神不仅仅是一种技术，更是一种文化，一种全民族融入血液、身体力行的文化素养。中国要从制造大国走向制造强国、建造强国，就必须使每个国民认同和力行这种文化。

工匠精神内含着沉重的社会责任和职业品格。成熟的企业不仅要把眼光放在几个"大工匠"和一些技术含量较高的部位，更要在建筑产品的所有部位、在建筑队伍的所有岗位提倡工匠精神，精益求精、重视细节、追求卓越。企业都能以此作为自身的发展战略，行业的信誉和形象就将会焕然一新。

6. 互相帮衬，合作共赢的行业风尚

建筑市场多年来都充满着高危的风险与残酷的博弈，说文明一点叫过度竞争，这种过度竞争也与行业文化有关。

习近平总书记讲，中华优秀传统文化崇尚和合、追求大同。这在市场经济日臻成熟的今天，更是具有新时代的价值。

鲁班的精神是利人、济世的精神，是共享、共进的精神。在当今国际化、全球化的进程中，中国提出"一带一路"的倡议，无不饱含着这种共享、共赢的精神价值。

在经济社会发展到一个较高的阶段时，企业之间竞争的关系将会转化为竞争合作的关系。随着建筑业分工的进一步科学合理及生产方式的逐步改进，行业内更需要体现合作共赢的文化，体现利益共同体的意识。

合作共赢，互相帮衬，让每个企业都能在市场上找准自己的位置，不必要人人都去当老大，个个都搞总承包，在合作的氛围中追求做强与做精；合作共赢，互相帮衬，也会净化市场的风气，减少交易的成本，提高行业的文明风气。

中建协文化分会成立已经一年多了，在中建协的统一部署下，我们一年多来开展了多项推动行业与企业文化建设的活动。今后我们愿继续与曲阜市鲁班文化研究促进会共同携手，推动鲁班文化在全国的宣传，推动建筑行业文化建设的进步，推动建筑企业在现代化进程中转型升级。

谢谢大家！

新时代建筑企业的文化建设

中国进入了新时代，新时代经济建设要从高速增长转向高质量发展，我国建筑业必然地要加快结构调整和转型升级。作为企业发展软实力和驱动力的文化建设，也必然地要适应当前经济社会的发展变化。

1. 建筑业发展进入了新时代

首先是市场需求进入新时代。在经济新常态下，新增房屋建筑总量在减少，人们对于房屋建筑的品质要求越来越高，对其功能要求越来越宜居，对绿色建筑和健康环境的需求越来越迫切。这种新的市场需求应该引起建筑行业的高度关注。在高质量发展的语境下，新的质量管理概念应该贯穿于建筑全生命周期，从固定资产的投资开始，到规划、设计、施工、使用，再到建筑物生命结束，都应该做到质量稳定、效用最大、成本最低，以满足市场的新变化和人民群众日益增长的美好生活的新需求。

其次是生产方式变革进入新时代。在过去相当长的时期内，我国建筑产业的完整性都存在着一定的问题，建筑产品被规划、设计、开发、施工、维护等多个部门所分割，建筑企业很难在建筑产品上独立地贴上自己的标签，建筑产品也很难完整地体现自己企业的品牌文化。建设部明确提出了要改革建筑业传统的生产方式，推动绿色建筑、超低能耗被动式建筑发展，鼓励设计施工一体化的工程总承包，鼓励设计、加工、装配施工一体化等新的生产方式，并

(写于 2018 年 4 月 3 日，在"第三届全国建筑业文化建设交流会议"上的讲话)

要求 10 年内建筑业装配化率要达到 30%，国家经济高质量发展的大格局催促着建筑业必须加快转型升级。这些都表明建筑业的生产方式变革正在进入到一个新的时代。

第三是员工结构调整进入新时代。传统的老一代建设者已经完成了自己的历史使命。当代企业的员工队伍更加知识化、年轻化，新一代进城务工人员的知识技能结构也发生了重大变化。年轻一代建设者掌握的不仅是传统的建筑管理技能，而是与时俱进的互联网、大数据知识，是以 BIM 为代表的先进施工技术。他们获取知识、技能的途径也更为便捷与高效。更为主要的是这一代人的需求层次有了质的提升，他们更具理性的思维，更注重个人价值的实现，人才在企业转型发展中第一资源的作用比以往任何时期都重要。这些都表明以人为中心的新时代已经来临。

2. 企业文化建设要紧扣时代发展的主题

高质量发展是新时代的主旋律，也是建筑业的主旋律。十九大报告在分析我国当前主要矛盾的基础上做出了重要的论断——我国经济已由高速增长阶段转向高质量发展阶段。在这高质量发展的"统筹施工图"中，建筑业发展无疑成了"关键线路"。

为了推动建筑业供给侧结构性改革，促进建筑业持续健康发展，国家第一次提出了打造"中国建造"品牌的要求。"中国建造"这一概念的提出，是在我国建筑业经过几十年快速发展，取得了巨大成就的物质基础上提出的，是针对建筑业发展出现的不平衡、不充分的矛盾提出来的，是在中国经济社会已经进入到高质量发展的新时代的关键时期提出来的。

在新时代的背景下，"中国建造"应该有着新的内涵：建筑业要秉持新的发展理念，转变发展方式，坚持质量第一、效益优先，不断提高创新力和竞争力；建筑业要以节约资源、保护环境为先导，调整产业结构，创新施工技术，为新时代的绿色生活方式提供更多的优质产品，以满足人民日益增长的对优美生态环境的需要；建筑业要树立行业的文化自信，弘扬民族精神和时代精神，弘扬企业家精神和工匠精神，推进诚信建设，提升产业工人队伍的素质。"中国建造"不仅仅是体现着新时代中国建筑的质量品牌，更是要展现新时代中国的民族精神和建筑行业的精神文化。

塑造"中国建造"品牌，集中地体现了建筑业高质量发展的要求。"中国建造"要求企业工程质量和经济效益的再提升，要求绿色施工方式持续加快推进，要求行业整体人员的素质尽快提高。建筑企业的发展观念、发展战略、经营方针必须要紧随国家发展理念的变化，必须要与新的市场需求相适应。因此，作为建筑企业发展顶层设计的企业文化建设就要在传承中寻求创新，要在坚守中适时调整，紧紧围绕高质量发展这一主线，有力地推动企业在新时代下转型升级，推动建筑行业生产方式的创新与进步。

3. 文化建设要借助创新这一驱动力

有人将企业文化分为三个层次，即表面层的物质文化、中间层的制度文化、核心层的精神文化。其实从企业文化需求的角度，还可以将企业文化分为另外三个层次，即企业精神文化、企业发展文化、员工需求文化。企业精神文化是对传统的继承，是文化观念、价值观念、道德规范的总和，是企业文化的核心所在，它处于相对稳定的状态。我们许多的文化建设示范企业在继承优秀传统，弘扬企业精神方面都积累了丰富经验，树立了良好榜样。企业发展文化则是随着国家经济、社会发展变化而变化，它包括企业发展战略、发展理念、经营方针、品牌建设等，是需要不断变化和创新的。员工需求文化也是根据时代和社会的进步不断创新与变化，以适应员工不断增长的新的精神与物质需求。这里重点说企业的发展文化的创新问题。

首先是理念的创新。企业的发展理念要与国家的经济发展理念相一致，从根本上要秉持创新、协调、绿色、开放、共享的精神，具体要体现建筑业的转型升级，体现新时代的发展内涵。上海建工提出要成为中国建筑全生命周期服务商的领跑者的目标；中建七局以共赢文化的创新推动企业转型升级；中铁四局以勇于争先、永不满足的精神寻求新时代的创新之路，建设一流企业和幸福企业的实践；陕建安装集团优化产业结构，创新运营模式，开启了新时代高质量发展的新征程等等，这些都是企业文化建设在发展理念上的创新之举。

其次是内容的创新。文化创新之路就是不断探求实际的路。在企业文化建设中，在学习别人经验时，一方面要去掉人为造作的成分，脱掉虚华的外衣，一切从企业发展的需要，从可行的发展目标，从员工的精神需求的实际去设计、去策划、去创造。另一方面，还要用时代的眼光观察问题，直面企业在转型发展中的焦点与难点，在解决突出矛盾和问题上出新招数，想新点子，真正起到号召和引领的作用。

第三是形式的创新。形式是服务内容、诠释内容的载体与平台。建筑企业的文化建设在新时代也要与时俱进，更好地为企业转型发展的总目标服务。在继承传统的基础上，企业文化的展现形式更多的是要适应年轻一代建筑人的心理和需求。在大数据、移动互联网、新传媒等信息化的大背景下，人们不再单一地接受一般的说教，而是希望更加现代化、更新颖、更具说服力的新形式出现。在这方面我们许多企业都创出了崭新的经验。中建七局通过多种形式的讨论、辨析、渗透，将共赢文化牢固地树立在了企业发展的始终；福建巨岸集团用贴近员工思想实际的文化管理模式吸引员工，让企业文化根植到每一位员工的内心。这些都是在文化建设形式上的创新。

4. 文化建设要突出以人为中心

习近平总书记提出以人民为中心的思想，也是我们建设企业文化的指导原则。新时代的企业文化必须体现以人为中心，对外是以消费者需求为中心，对内是以企业员工需求为中心。满足员工物质和精神的需求，调动员工的积极性，发挥员工的聪明才智是企业文化建设的出发点和落脚点。

企业员工在物质需求基本满足之后，第一需求逐步变为自我价值的实现。在新的时代，一定要看到企业不断创新的动力来源于人才作用的发挥，来源于各级管理人员和技术工人的创新热情。凡是文化建设成功的企业，无不是将员工价值观引导到与企业价值观相一致，无不是为员工提供了发挥自身聪明才智的广阔舞台。

为培养新一代的建筑员工，必须要弘扬伟大的民族精神、奋斗精神。习近平总书记讲，新时代中国人民是具有伟大创造精神的人民，是具有伟大奋斗精神的人民。新的时代属于每一个人，也属于蓬勃发展的建筑企业的所有员工。我们许多企业都有着几十年艰苦奋斗和改革创新的传统历史，它就像一面镜子，时刻提醒着我们，绝不能安于现状、贪图安逸。要幸福就要奋斗，要将个人的事业与企业发展、"中国建造"的新目标、新主题紧紧捆在一起，干出属于新时代的光辉业绩。

要进一步弘扬工匠精神和诚信精神。新的时代呼唤着工匠精神，呼唤着诚信精神。工匠精神就是矢志不渝的专业精神。工匠精神最本质的就是精益求精和诚信执业。工匠精神的价值就在于对职业的敬畏，对目标的坚守，对责任的担当，这种信念和坚守是专业的人生对梦想的追求和精神上的享受，这种信念与坚守的力量是企业和人生最可宝贵的资源和财富。

工匠精神和诚信精神作为一种社会价值观，不仅仅是体现在几个能工巧匠身上，不仅仅是宣传几个典型人物，而是应该为整个行业所认同，为全体员工所身体力行。它不是个别人的技能，而是作业者群体的操守，只有精益求精、遵守诚信在整个行业蔚成风气，才可能形成一支打造"中国建造"品牌的建筑大军，也才有可能真正推动建筑业高质量的发展。

要提高员工在企业的幸福指数。幸福是奋斗出来的，奋斗是为了员工的幸福。中铁四局等单位建设幸福企业的实践告诉我们，只有像家庭一样关心员工的事业成败，关怀员工的健康成长，关照员工的兴趣爱好，才能使员工焕发出无穷尽的工作热情和聪明才智。

要落实好产业工人终身职业技能培训制度，深化建筑用工制度的改革，提高技术工人的收入水平。要营造爱学习、钻技术、求上进的氛围，建设一支知识型、技能型、创新型的新时代建筑产业工人队伍。只有如此，才能真正做到以人为中心，建筑业才能有真正意义上的高质量发展。

新时代建筑业的又一个春天到了。我们中建协文化分会将同各企业一道，共同推动行业与企业的文化建设，做强企业的软实力，为建筑业高质量的发展付出我们的努力。

塑造建筑魂　实现中国梦

今天来到美丽的古城南京，能够现场见证首部全程真实反映建筑业主旋律的电影开拍，真是万分荣幸！

《筑梦人》的制作，恰逢盛世，占尽天时。

去年，习近平总书记在文艺座谈会上发表重要讲话，特别强调，艺术创作一定要脚踩大地，用光明驱散黑暗，用美善战胜丑恶，让人们看到美好、看到希望、看到梦想就在前方。

值此全国推动文化大发展的时机，中国建筑业协会联合文艺界制作《筑梦人》，就是最好地践行了总书记的讲话精神。《筑梦人》充满着正能量，是中国梦与建筑梦的完美结合，必将为建筑业未来的发展唱响好声音！

《筑梦人》在南京大剧院项目工地开拍，占尽地利。

在以往的文艺作品中，建筑工地很少进入作家笔下的正题，反而常被描绘为藏污纳垢的处所。我们说，今天的中国建筑，构成的是城镇化雄伟乐章的主旋律；今天的建筑发展，催生着社会经济细胞的快速裂变；今天的建筑事业成就着一代又一代奋斗、创新的筑梦人。

江苏是中国的建筑强省，中建八局是中建系统的排头兵，中建八局承建的许多项目在管理和技术上都处于全国领先的水平。在这里开拍《筑梦人》，最接地气，也最有纪念意义。

《筑梦人》精英荟萃，占尽人和。

（2016年1月，在"《筑梦人》电影开拍仪式"上的讲话）

　　《筑梦人》总顾问是住房城乡建设部老领导毛如柏部长。总策划是中建协副会长兼秘书长吴涛，他对剧本研精覃思、倾力投入。总导演唐国强家喻户晓、享有盛誉。顾问周明是现代文坛巨匠，苑本立是影视制片的大家，还有实力派导演高跃铭带领着一批荟萃夺目的演职人员。强大阵容一定能拍出精良的作品。在这里，我要真诚地感谢所有为《筑梦人》付出心血和努力的领导、编导和全体演职人员，谢谢你们！

　　作为《筑梦人》的支持单位，中建协建筑史志与企业文化分会也格外重视和珍惜这次的参与机会，将《筑梦人》视为我们一个新分会的处女作，并以此为契机，按照中国建筑业协会的总体部署，在宣传优秀企业文化、提升行业信誉和形象方面不断地有所作为。

　　预祝《筑梦人》拍摄顺利，圆满成功！谢谢大家！

用文化建设推动民营建筑企业转型升级

我国建筑业已经进入到转型期，面对新常态的经济背景，行业的生产方式，企业的发展战略都面临着一场文化层面新的挑战。

在建筑行业全面推动企业文化建设，弘扬社会主义核心价值观，弘扬工匠精神与鲁班文化，是建筑施工企业应对新挑战、实现可持续发展的内在要求，也是每一个民营企业管理者的历史责任。

一、建筑行业文化建设的现状

1. 关于企业文化

企业文化是企业在生产经营和管理活动中所创造的具有该企业特色的精神财富和物质形态。它包括文化观念、价值观念、企业精神、道德规范、行为准则、历史传统、企业制度、文化环境、企业产品等。其中价值观是企业文化的核心（文化活动仅仅是一个方面）。企业文化是企业的灵魂，是员工共同的价值观，是新时期软实力的体现。

企业管理理论起源于美国，企业文化理念起源于日本。日本企业的崛起是西方学者开始重视企业文化的直接原因。每一个生存于市场的企业都会有自己的文化，这种文化无非是处于自觉地建设与不自觉地遵守之中。

2. 建筑行业文化的缺失

所谓文化缺失：企业理念不清晰，发展目标不明确，价值观发

（写于 2017 年 5 月，在"武汉建筑业协会民营企业学习班"上的报告）

生错位，经营方针不符合企业实际等。是导向性出了问题，不是文化活动多与少的问题。

建筑业进入了一个新的发展时代。从某种意义上讲，行业发展不缺规模，不缺资金，不缺技术，甚至不缺人才，缺的是全行业整体文化素质的提升，缺的是社会信用的恢复，缺的是每建必优的百年品牌和与时俱进的精神文化。

片面追求市场的影响力，追求表面的业绩，急功近利，盲目扩张。行业的快速膨胀致使招投标市场企满为患。产能过剩，市场混乱，交易成本增加，一些企业背上了沉重的债务包袱。

在经济高速增长的背景下，一些企业经营者总是希望能够轻松取巧，寻找捷径。联营挂靠、层层承包。削弱了企业法人应有的约束与管理，增加了企业的风险，侵蚀了企业的品牌与文化。

一些企业失去了信用，违背合同承诺，违规转包工程，随意拖延工期，给行业涂上灰色；同样由于信任的缺失，一些业主和地方政府违规要求企业垫资、提供名目繁多的保证金，随意拖延决算、拖欠工程款。建筑行业的信用缺失不仅干扰了市场正常的秩序，还严重地损害着社会的公平正义。

少数企业发生的质量安全事故引起了持续的反响，对行业产生着不断被放大的负面效应。工程的渗漏问题、裂缝问题也长期难以禁绝。这里面直接反映出了施工的严谨性问题、品质问题、责任心问题、工作态度问题。

二、加强企业文化建设是时代发展的要求

当前企业文化缺失有着深层次的历史原因、社会原因、市场原因，还有建筑业长期以来地位低下的原因。

习近平曾讲，文化是一个民族生存和发展的重要力量。最近又讲，中国特色社会主义道路说到底是要坚定文化自信，文化自信是

更基本、更深厚、更持久的力量。李克强总理在政府工作报告中提出了"工匠精神",工匠精神被赋予了中国制造的一种文化内涵。国家将文化建设摆在了突出的位置。

如果说在改革开放初期,企业竞争的是一般简单的生产要素,那么在经济新常态下,企业必须要研究国家结构性改革的方向与特点,重新调整企业的经营方针与经营策略,焕发出新的活力,而这些调整都与企业文化有关。坚定文化自信,弘扬工匠精神,传承鲁班文化,研究转型时期建筑业发展的方向与特点,认真总结企业的传统文化,并在新形势下不断创新,形成企业独具风格的企业精神和经营理念,这就是企业在新时期的核心竞争力,也是企业转型升级的思想基础。

为适应建筑业新的发展,2016年1月7日,中建协成立了文化建设分会。文化分会一年来走访了许多企业,调研了解企业文化建设的情况。经了解,初步取得文化建设经验企业的基本情况是:几乎所有企业都根据自身的特点提出了企业的发展理念、企业精神、经营方针、员工守则等文化层面的表述;多数企业用企业文化建设推动了经营管理创新,宣传和提升了企业的市场形象;部分企业已经将企业文化融入员工的思想行为中,并形成了强大的发展动力与竞争软实力。

中天企业文化发源于老企业的优良禀性和传统,在改革中形成了奋发进取、求真务实的"企业之魂";中亿丰建设植根于吴地的"和合文化",倡导员工快乐工作,健康生活;天津天一建设秉承"知荣辱,诚奉献,讲自律,求发展"的核心价值观,形成了天一特色企业文化。

中建六局把建设"精品工程、精品项目"作为培育"精品团队"的主旨思想,积极选树"六局工匠",缔造建筑者之魂;上海建工秉持"和谐为本、追求卓越"的特色企业文化,引领企业从

"工程承包商"向"广受赞誉的建筑全生命周期服务商"转型发展。

武汉的民族建设通过文化建设，理人才，得人心；邱氏集团用股权激励员工，达到了同舟共济；广盛集团创新求变，稳中求进，实现了企业新的转型；武汉协会李会长在中建三局创造的"精谋奋进"的文化理念在项目上产生了卓有成效的文化效应。

三、建筑企业文化建设的基本特点

企业文化的定义与建设大家都已经熟知，许多企业在实践中也积累和总结出了非常成功的经验。所谓文化建设是企业的软实力，则是它更好地体现了基础性、导向性、动力性的作用。

建筑行业作为国家经济部门的一个特殊分类，有着自身的特点。因此，建筑企业在文化建设中也很自然地表现出了行业的某些特点。

1. 文化建设的行业印记与历史传承性

建筑行业最悠久的传统文化莫过于师徒传艺的规矩文化，"没有规矩，不成方圆"至今维系着中国建筑行业的行为准则，维系着工匠们对营造担当的诚信与匠心。历史上，建筑工匠从来都是居无定所，漂泊迁徙，形成了吃苦耐劳的性格，形成了在社会的夹缝和底层忍辱负重的精神。我国的民营建筑企业更是在重重困境中寻求生存，许多企业都有着白手起家、坎坷奋斗的历史背景。中国建筑行业中这些最原始、最朴质的基因和精神造就了建筑企业文化的基础。

随着改革的不断深化，企业学习和应用现代化的管理理念，根据自身的特点和工作实践，不断探索与总结经营管理中的经验与规律，形成了符合企业实际、符合发展要求的企业文化。这种文化是在历史的实践中不断被证实、不断被完善的企业精髓，她的一个鲜明特点就是历史的传承性。我们许多企业文化的根基也在于此。文化建设应该尊重企业发展的历史，珍惜前人在实践中积累的宝贵经验与优良传统。

2. 文化建设与社会价值观及国家政策的相关性

首先，建筑企业文化与社会主义核心价值观及中国传统文化密不可分。建筑业的发展离不开社会的进步，连接着千家万户，企业的文化要与社会主义核心价值观相一致，要与期盼宜居生活的老百姓的需求、利益相吻合，这样才能产生强烈的社会共鸣与内部力量。

其次，建设企业文化要密切关注国家经济政策的变化。建筑业的发展与国家政策的相关性极大，例如当前的供给侧结构性改革，建筑行业在去产能中就位列其中，民营企业更是首当其冲。因此，企业随着政策的变化要调整自身的发展战略、发展理念和经营方针，以适应新常态下的经济环境，以适应不断提升和更新的市场需求。

3. 文化建设的开放、创新性

建筑业三十多年前就打破了地域壁垒，走出了本土，走向了世界。建筑业门槛较低，行业兼收并蓄，虽然带来了鱼龙混杂的局面，但也创造了相互学习的机会，造就了不断创新的动力。

工程项目的开放性、可视性决定了在建筑领域很少有密可保。新的技术很快就被广泛应用；新的市场，不久就会人满为患。别人优秀的经营管理成果，易于被自己学习和应用，自身的企业文化也易于被外界宣扬和传播。这就是我们常看到的许多企业在理念、战略、制度等方面有许多相似之处的原因。

文化建设的这种特性，使得它必然地要适应企业生产力的变化，追寻建筑产业现代化的步伐，以新的理念、战略、引导企业发展。

4. 文化建设对工程项目的依托性

建筑业推行项目管理已有三十年的历史，随着项目管理的日臻成熟，人们应该更深地理解到工程项目是企业的管理重心、是市场经营窗口的这一判断。企业的文化建设必然要依托于工程项目，必须要落地生根在工程项目，项目文化建设是企业文化建设的组成与延伸。这应该是建筑企业文化建设最突出的特点。

我们研究工程项目的文化建设要注意两个方面，一是项目文化建设要完整地体现企业的文化精神与经营理念，尤其是工程建设组织方式发生变革，人们充分认识到法人管项目的重要性之后，项目更要树立大局意识、资源共享意识、企业品牌意识，将企业文化与精神突出、鲜明地展示在项目窗口上；二是项目文化建设在具体执行中要因地制宜，勇于创新。要在创新项目生产力理论、在推动传统生产方式升级改造、在推动绿色施工、在探索项目全寿命周期管理等方面有所作为，以项目文化具体的、持续的创新来促进企业的转型升级。

5. 文化建设更加注重人本性

目前建筑业仍然还属于劳动密集型行业的范畴，在工程项目上依然有着劳动密集的特点。建筑业的流动分散特点再加上"两层分离"后劳务层的分包问题、项目上众多分包商的合作问题等，企业文化建设面对的群体更多、更复杂。因此，就要更加注重以人为本，更加注重对人的管理和引导。

从另一个角度讲，文化建设又是企业员工与企业同呼吸共命运的精神维系，企业文化以人为本，关爱员工，尊重员工，满足他们的精神文化生活，为他们提供发挥聪明才智的舞台，这也是文化建设题中应有之义。

6. 民营建筑企业文化建设的特点

企业产权的结构决定了资产所有者的思想与理念对企业文化起决定性的作用。民营企业缺乏国有企业原发的传统文化，所谓企业文化即是老板的文化。因此企业领导人的思想和理念决定着企业的发展方向与发展质量。企业领导者只有通过不断学习与辨析，使自身思想理念符合市场变化的趋势，符合企业转型发展的要求，才能带领企业在竞争中立于不败之地。

企业机动灵活的经营机制易于产生更能激励员工的企业文化。因此要十分珍惜民营企业机制的优势。目前这种机制在两种体制内有反向发展的倾向。国有企业学习民营企业，在经营机制上已经运用得炉火纯青，大获裨益。然而却有不少民营企业在模仿国企过去积重难返的行政模式，热衷于官僚化的组织管理，这实在是走回头路。

企业体量与机制决定了企业文化转换为管理实践的执行力更强。民营经济口号转化为行为的路径比较短，管理效率高，执行力强。但是，以营利为主要发展目标的企业愿景也容易产生经营行为的短期化，这会成为进一步转型发展的新障碍，民营企业家都要深刻思考这一问题。

四、当前建筑企业文化建设需要关注的问题

在建筑企业文化建设中，许多民营企业都探索出了自身的道路与好的经验。结合新常态下建筑业的发展实际，这里提出在企业文化建设中需要关注的几个问题，供大家参考。

1. 践行新的发展理念，促进企业的转型升级

不久前，国务院又发布了《关于促进建筑业持续健康发展的意见》，国家从顶层设计上给建筑业指明了方向，提出了要求：工程建设组织方式需要改革，工程质量安全需要提升，产业现代化需要推进，从业人员素质需要提高。

这对所有民营企业是一次大的挑战：是做百年老店还是昙花一现；是追求眼前利润还是着眼于长远发展。企业发展战略、经营方针要顺应变化，在工程总承包、PPP 模式、分包更趋专业化、税

收政策更趋严格的新形势下如何选择？企业转型从根本上说是文化理念的创新。因此，企业的文化建设首先要解决发展理念问题、经营思路问题、长远目标问题，只有抓住机遇解决这些根本问题，才能实现民营企业的变身和转型。

2. 弘扬工匠精神，厚植工匠文化，打造"中国建造"品牌

李克强总理在今年政府工作报告中又一次提出要弘扬工匠精神，弘扬工匠文化。去年我们将代表建筑工匠的鲁班文化归纳为：

严守规矩　诚信执业的工匠本色

善于学习　不断探索的创新意识

敢于担当　尽责敬业的奉献精神

尊重规律　求真务实的科学态度

精益求精　追求卓越的品牌战略

友好互助　合作共赢的行业风尚

工匠文化最核心的就是诚信执业，精益求精。当今的市场需要高品质、安全、美观、宜居、绿色的建筑产品，企业的文化建设要着眼于工匠精神和鲁班文化的培育，精心塑造品牌，力争每建必优（中天建设当前提出的理念）。要大力宣传建筑工匠的典型，讲好建筑业的质量品牌故事，推动中国建筑进入质量时代，推进"中国建造"走向世界。

3. 弘扬企业家精神，在行业培植勇于担当、崇尚诚信的风气

有人说企业文化就是企业家的文化，虽说这种表述不够准确，但从另一个角度道出了企业家对于企业的重要性。当前重提发扬企业家精神，其一，是因为新旧转换的关键阶段，经济要走出低迷的现状，需要企业家群体奋发有为，砥砺前行，引领和激发全社会创新与创业的活力；其二，民营企业进入到第二代接班时期，国有企业依赖政府支持和资源优势的时代已经过去，在一个公平竞争的环境下，企业都面临着新的挑战；其三，在供给侧改革的新背景下，企业家敢于担当、勇于创新、诚信执着等优秀品质已经或者正在成为企业转型升级的主要原动力。激发和保护企业家精神，就是要在企业内部着力打造勇于担当、诚信经营的风气和品质。

4. 适应自身特点，建设新型民营建筑企业文化

民营企业产权结构会发展变化，法人治理结构也需要逐步完善。

资产所有者与企业经营者要与时俱进、不断学习，用文化的力量引导企业，用符合企业发展方向的思路与理念武装员工。

要充分利用企业灵活的机制，激励每一位员工，激发管理团队在新常态下的创新精神。企业不仅要凝聚一批创业、创新的人才，还要稳定一批对企业有贡献的技术工人，这是企业长远发展战略的选择。

企业的文化建设要着力研究不同层次企业员工的利益诉求和价值取向，增强企业文化的包容性，使企业文化认同的公约数达到最大化，使企业的体制和机制逐步适应产业现代化的需要。

5. 研究企业员工与农民工的融入问题

如何吸引、留住人才，发挥人才的作用成为企业共同关心的问题。

当前，国有企业与民营企业在人才使用机制上出现了新的变化：国有企业由于规模与品牌的上升，人才更多地流向了国企，多数民企市场受限，发展乏力，人才青黄不接。要客观地看待人才流动现状，因势利导，因企施策：

<blockquote>

栽种梧桐　做强企业

选对人才　重在潜质

活用股权　稳定人心

委以重任　信若家人

</blockquote>

包括对农民工中技工的吸纳稳定，这些都是企业在资源配置中

重要的发展战略，也是企业在文化建设中一项长期的任务。

6. 企业文化建设的方式要与时俱进，满足员工的精神需求

进入信息时代，人们对文化宣传的接收与适应在发生变化。面对文化程度更高、思想更活跃的新一代建筑人，企业的文化建设要与时俱进。要在建设内容上更多地增加年轻人喜闻乐见的形式，在建设手段上更多地应用信息互联技术，应用"两微一端"的媒体平台，逐步探索大数据在丰富企业文化建设与改善员工工作和生活方式中的应用。

企业员工不仅是企业文化宣传的对象，更是建设文化、认同文化、享受文化和创新文化的实践者和受益者，要将企业文化建设变作是员工自我完善、实现自身价值的自觉过程，不断提升员工在企业的归属感和幸福感。

国家明确了建筑业是国民经济支柱产业的地位，民营建筑企业要抓住机遇，乘势而上，占领半壁江山。预祝武汉地区建筑企业在新常态下成功转型，开辟出一片新的天地。

塑造以员工为中心的企业文化

文化起源于人类的进化，文化是为人类文明进步服务的。同样，企业文化起源于企业的诞生，她也是为企业生存和企业员工服务的。在前几次文化交流会上我讲过企业文化于建筑行业的关系，讲过文化于建筑企业的关系，这次重点讲一下企业文化于建筑员工的关系问题。

一、企业文化是员工的文化

有人说，企业文化是老板的文化，这有一定的道理。企业的主要领导是企业文化的发现者、宣传者、督导者，但不是企业文化的所有者。企业文化作为一种精神资源，作为一种软实力，从根本上说是属于企业所有的员工。没有企业员工从心理上的接受，从精神上的承载，从行为上的付诸实施，企业文化就只是一纸空文。我们讲文化与企业各种管理工作的融合，其实最大、最主要的融合就是企业文化与员工思想与精神的融合。

1. 企业文化昭示员工与企业的共同愿景

企业员工应该是有理想的人。在中国即将全面建成小康社会之时，国民的需求层次也自然地向上攀升。新时代的建筑人在物质需求上要求更高，在精神层面也会与时俱进，要求成为追求自我实现、有理想、有信仰的人。企业的战略发展目标，发展愿景，要成为企业员工实现理想的精神寄托。企业不仅仅是生产市场需求的物

（写于 2019 年 6 月 9 日，在"第四届全国建筑业文化建设交流会议"上的讲话）

质产品的场所，也是广大员工陶冶情操，实现人生价值的广阔舞台。当企业愿景与员工追求高度一致的时候，企业发展才真正能步入良性循环的轨道。

2. 企业文化要引导员工养成良好的素质与习惯

建筑行业高质量的发展需要高素质的员工。建筑行业在市场信用、经营风气、职业操守等方面存在着许多缺憾，归根结底还是人的素质问题。新时代的建筑人应该是有一定文明和文化素养的人。这就要用文化的力量陶冶、教育和改变。以文化来提高人的素质，是行业和企业在新时代健康发展的需要，也是员工自身适应社会，提升文化修养的需要。这无疑也是企业应尽的一份社会责任。

3. 企业文化要为员工创造美好与幸福的生活

建筑业要改变队伍自身的形象，建筑人也有追求美好生活的权力，新时代的建筑人应该成为快乐、幸福的人。客观地看，建筑行业的收入水平和幸福指数在逐步上升，但和其他行业相比、和新一代建筑人的需求相比，还是有很大差距。企业在追求利润的同时也要追求员工生活水平的逐年提升，追求生活与工作环境的改善，追求幸福指数的提高，许多企业开展家文化建设，就是对企业文化与员工需求相融合最好的阐释。

我们党提出以人民为中心的发展理念，这和企业的发展战略及指导思想都是一致的。企业的文化不管发展到什么程度，它都应该是以人为中心，都应该是为全体企业员工服务的文化。只有全心全意地塑造起企业员工的文化，激发广大员工的内在动力、聪明才智和工作热情，才会使企业文化真正地发挥作用，也才会使企业的发展目标和未来愿景得以实现。

二、建设员工的文化需要关注的重点问题

企业文化既然是员工的文化，就要研究员工的精神需求，探讨

员工的发展潜力，引导员工围绕企业的发展目标去努力实现自己的人生理想。

1. 要将员工理想引向与企业愿景和发展目标一致的方向

作为行业来讲，建筑业在新的时代发展目标应该是创立"中国建造"的品牌。当前，我们行业还有着许多新的、待开发的领域：如建筑物全生命周期的经营管理；以装配化施工为标志的产业现代化；被动式建筑的施工技术；建筑施工的信息化管理等等。有作为的企业都把自己的发展目标与高质量的发展结合起来，与中国建造的现代化结合起来。新时代企业员工都有着较高的人生追求，都希望在所在的企业建功立业，在企业管理、项目管理、现代施工技术等领域有所发明，有所发现，有所创造，实现自身的理想与抱负。我们就要从文化引导的角度将这二者统一起来，教育员工成为有志向、有作为的建设者，做"中国建造"的推进者。要使员工认同企业的发展愿景，使员工的选择与企业的愿景相一致，就要做到两个脚踏实地：一是要创造机会，制造平台，引导员工脚踏实地，不断向更高目标迈进；二是企业要脚踏实地，不断创新，持续发展，让员工看到希望，愿意长期稳定地在企业服务。

2. 弘扬工匠精神，诚信敬业，做新时期的建筑人

由于种种历史和社会的原因，导致的行业信用缺失和工匠精神缺失，已经严重地影响到行业的市场环境，影响到企业的转型发展。施工企业普遍认为市场不规范的行为很多，自己的企业处处承受着不公正的待遇。从社会和业主的角度看，建筑市场比较混乱，尤其是对施工企业信任度较低。由于信任的缺失，导致出许多复杂的问题和矛盾（投标中的围标问题、建设中的保证金问题、工程款的支付问题、按期结算的问题，还有PPP合作的信誉问题等）。

人们都在批评指责社会和市场的种种丑陋和弊端，却未曾认真想过这些丑陋与弊端或多或少地就存在于我们的身边。我们文化分会前几年就在行业内推出过鲁班文化，这就是：

严守规矩　诚信执业的工匠本色

勤于思考　勇于探索的创新意识

吃苦耐劳　爱岗敬业的奉献精神

尊重规律　求真务实的科学态度

精益求精　追求卓越的品牌战略

互相帮衬　合作共赢的行业风尚

其核心点就是精益求精和诚信执业。我们希望所有的企业都能从现在做起，从每一个员工做起，爱岗敬业，精益求精，诚信执业，以此来带动整个行业风气的转变。用鲁班文化培养新一代的建筑工匠，需要长期坚守、不断磨砺，职业操守和诚信精神的形成需要几代人持续不懈的努力。

3. 建立追求幸福、感受尊严的文化氛围

新时代企业的员工队伍更加知识化、年轻化，新一代农民工的知识技能结构也发生了重大的变化。年轻一代建设者掌握的不仅是传统的建筑管理技能，而是与时俱进的互联网、大数据知识，是以BIM为代表的先进施工技术。他们获取知识、技能的途径也更为便捷与高效。更为主要的是这一代人的需求层次有了质的提升，他们更具理性的思维，更注重个人幸福指数的提升。从发展的眼光看，当代的建筑员工基本素质是好的，是在不断提高的。一是要注意研究每一位员工的特长与潜力，量身定做，为他们创造发展的平台和机会，建立专业人才晋级、晋升的通道，让他们通过努力奋斗实现自我价值，赢得相应的荣誉，获取自身的幸福；二是公平对待员工，尤其是在收入分配中要体现出效率优先、兼顾公平。我们在调研中听到企业这样说：分配好钱就是最大的政治，这是有道理的。任正非说，钱分好了，管理的一大半问题就解决了。公平合理的分配，鼓励积极上进和多做贡献的分配，就能体现出企业员工的

基本尊严，也是最有效的思想政治工作；三是关爱员工，建设幸福快乐的环境氛围。许多企业都在建设"家文化"，只有像家庭一样关心员工的事业成败，关怀员工的健康成长，关照员工的兴趣爱好，就能使员工焕发出无穷尽的工作热情和聪明才智。

4. 赋予进城务工人员实际的产业工人地位

国家已经把务工人员进城、落户、求职列为重大的战略发展计划，但是实施起来的确不容易。按照去年的统计，全国建筑业农民工已经达到 5630 万人。国家和社会正在努力解决农民工的进城、落户、住房、子女上学、医疗保险、工资发放等问题。但企业普遍反映农民工技术及操作能力在下降、工作不稳定、技术资质参差不齐、高素质人员奇缺等问题。大家都在解决问题，而问题却越来越严重！什么原因？我认为所有的政策都是绕开了进城务工人员问题中最关键的矛盾：这就是身份归属。历经了两层分离的企业虽然都不愿意再回到企业拖家带口的过去，但身份不固定的劳务现状的苦果大家都已经尝到了。企业正式的员工只有身份稳定后才会有相应的付出和贡献，同理，农民工如果身份老悬在半空，再谈加强培训、提高素质都是空话。因此，要尽快研究这一问题，无论是大型企业、劳务企业还是专业企业，都必须使已经进城，而且准备长期从事建筑业的农民工相对地稳定在一个企业，接受实际的管理，进行正规的培训，享受应有的待遇，这样才能真正补上建筑工人素质不高的短板。这是大型企业应该优先考虑的问题，也是政府主管部门需要尽快解决的问题。五千多万的农民工，占到全国建筑人的80%，这样庞大而重要的一支力量应该得到重视，身份问题应该得到历史性的解决！使农民工有所归属，有所依托，真正赋予他们产业工人的地位，如此，中国建筑产业工人队伍建设才能有一个完整的概念。

5. 将党的思想政治工作与企业文化建设紧密融合

党的思想政治工作是国有企业的优良传统，在企业发挥着不可替代的重要作用。我们讲文化育人，文化励人，其实都是和思想政治工作调动人的主观能动性和积极性是同一个原理。企业党的思想政治工作与文化建设紧密融合，第一可以做到人力资源共用，既加强了党的建设，也可以强化企业的文化建设；第二企业文化建设可以借鉴思想宣传工作的经验与方法，相得益彰；第三，在二者结合中，党员可以发挥模范带头作用，更好地促进企业的文化建设。当前正在进行的"不忘初心，牢记使命"的主题教育就是进行企业文化宣传的最好机会，让我们共同努力，用最好的教育成果与高质量的企业发展迎接中华人民共和国成立 70 周年。

新的时代正在向我们走来，以人民为中心、以员工为中心的思想将会愈来愈明显。我们要用符合企业发展方向的文化凝聚起企业员工的意志和力量，推动企业实现高质量的发展，进而推动"中国建造"走向世界。

企业的历史是一条长河

《陕西建工集团第二建筑有限公司企业志》编撰完成了，在此我向公司的全体员工和编撰者表示祝贺。

自 1992 年邓小平南巡讲话以后，中国正式步入了市场经济的轨道。国家固定资产投资的持续增长带动了建筑业的快速发展，垄断行业靠的是资源，建筑业靠的是形势。尽管如此，在转轨变型阶段企业仍然摆脱不了"僧多粥少"的困局，依然面临着新旧体制转换的挑战。因此这十多年二公司是在不断消除旧有体制的阻力和迎击市场压力中逐步发展的。

这是一个适应市场不断开拓进取的阶段。公司适时调整经营战略，将市场开发的重点转向了西安等大城市，调整了经营结构，拓宽了经营领域，较长一段时间成为集团规模经营的领头羊。

这是一个苦练内功、建立企业品牌的阶段。公司从项目管理入手，严格经济责任，搞活经营机制，文明工地建设和质量创优一直处于领先地位，在新一轮鲁班奖的角逐中为集团创出了经验。

这是一个不断改革、重塑国企形象的阶段。通过几代领导班子的努力，还清了历史的债务，完善了各类职工保险，建立起新的股权结构，在集团土建施工企业中率先完成了国有企业的改制。

这一阶段虽然也遇到过不少困难和各种曲折，但总体来说无疑是企业历史上发展较快和较好的时期。

二公司已经走过六十年的发展路程，辉煌的历史与光荣的传统

（写于 2012 年 8 月 1 日，为《陕西建工集团第二建筑有限公司企业志》作"序"）

值得陕二建人永远骄傲。虽然每一阶段的历史背景、体制状态、生产力水平各不相同，但在历届领导班子的带领下，陕二建人奋力拼搏、不屈不挠、勇闯第一的精神是一脉相承的。每一代陕二建人都为企业的发展繁荣尽到了职责，付出了心血，赢得了荣誉。

企业志的编撰，就是要通过真实历史的再现，传承企业的文化，弘扬企业的精神，激励一代又一代陕二建人不懈努力，持续创新，在新的历史阶段实现新的进步和跨越。

祝愿陕西建工集团第二建筑有限公司的明天更加美好，祝愿二公司全体员工的未来更加幸福。

第三部分　新型城镇化建设

在中国城镇化高速发展的浪潮中，陕西城镇化建设一直处在中上游水平。伴随着城镇化的发展，小城镇的建设，保障房的建设，移民的搬迁，棚户区的改造，极大地推动着城市规模的扩张，改善着城乡居民的生活条件与环境。笔者 2011 年 9 月被陕西省政府聘为参事，2012 年担任陕西省土木建筑学会理事长，2013 年被西安市政府聘为政府决策咨询委员。在此期间，走访了西安市、关中、陕南、陕北的多个市县和乡镇，作了较多的城乡建设方面的调查研究，撰写了多篇调研报告与工作建议。这些报告和建议在实地考察的基础上，更多的阐述了从实际出发、尊重经济发展客观规律的观点；强调了城乡建设要遵循绿色、低碳的原则；提出了城市建设要引入宜居生活的理念；提出了重视建筑文物，保护近、现代建筑的倡议；提出了顺应市场，做大做强本地建筑业的建议。这些报告和建议里的部分建议已经被政府有关部门所采纳，多份报告和建议获得陕西省政府参事室与西安市决策咨询委员会年度优秀奖。

——作者

完善配套措施 提高保障房屋入住率

根据省政府领导提出关于保障房建设与城镇化建设调研的批示，参事室组成了专题调研组，会同省人大财经委，从今年4月初到6月中旬，赴安康市，旬阳、白河县；汉中市的西乡县；商洛市，商南、山阳县；渭南市，富平、蒲城县；宝鸡市，岐山、凤翔、千阳县等5个市、10个县、8个乡镇对这一课题进行了调研，现将调研情况向省政府领导做出报告。

一、我省保障房建设取得了显著的成效

1. 省委、省政府高度重视，推动有力，建设厅强化指导和监督，落实效果十分明显

一是领导责任落实，考核机制生效。市、县领导班子将保障房建设都放在了重要的位置，主要领导亲自部署，各地形成了争先恐后的建设局面。

二是工作效率较高，进度计划落实。每到一处保障房建设工地，都能看到地方落实建设进度的措施，都能感受到施工的繁忙和形象进度的喜人。

三是参与面广，宣传效应深入。政府和民间共同参与建设，现场宣传引人瞩目，政府改善民生的举措已在社会造成了广泛、深刻

（2012年7月18日，调研组组长：李里丁（执笔）；组员：刘忠良、翟文俊、高松岩、杨晓蔚、骆和新，本文是为省政府"保障房建设与我省城镇化问题"做的调研报告，时任陕西省政府参事）

的影响。四是纳入规划，统筹城乡，有力地推动了城市化进程。各地将保障房建设与城市化建设紧密结合，有力地带动了城市经济的发展。

2. 各地在保障房建设中结合实际，不断创新的做法

（1）调动多方积极性，加快建设速度。多数县、镇在自筹配套资金比较紧缺的情况下，挖掘潜力，寻找对策，调动工矿企业、开发商和施工企业积极参与，形成多元融资机制。如蒲城县联合企业、学校在单位建设公租房小区，共同拥有产权，解决资金缺口；山阳县采取"企业垫、招商引、社会融"的方式，加大资金筹措；蔡家坡、富平、岐山、凤翔等地调动当地工矿企业融资积极性，有效地分担起社会责任，加快了地区保障房建设速度。白河县引入外地开发商，削山造地，创造条件，较好地完成了保障房建设任务。

（2）大胆探索租售并举，有效突破资金瓶颈。宝鸡市针对地方财力薄弱，难以解决自筹资金的实际，率先推出租售并举、产权共享的住房保障新模式。既及时回收了建房资金，加快了保障房建设资金的良性周转，又在实际中满足了低收入者拥有自己住房的愿望，安定了民心，促进了社会和谐。

（3）与移民搬迁相结合，实行阶梯式的办法推进住房保障。安康市是移民搬迁的重点地区，保障房建设任务很重。他们将两者紧密结合起来，按照"统筹城乡、群众自愿、梯次推进"的方法，根据群众的具体意愿和经济能力，有计划、分梯次地搬迁和安置，加快了农民向城镇转移，也促进了农村新社区的建设。

（4）严格过程控制，保证工程质量。各地普遍重视保障房建设全过程的策划、控制与监督。对管理人员责任、建设小区的规划、设计与施工的招标、施工质量的监督都有很严格的制度和要求，都有不断推进工作的措施。商南县的东畈安居等小区；蒲城县的惠安、泰安等小区；富平县的和谐园等已竣工的保障房小区，生活居

187

住方便，设计功能实用，工程质量合格，物业管理到位，入住群众普遍满意。

（5）公平合理分配，群众反映良好。各地都能严格按照政策要求，摸清底数，严格标准，公开信息，合理分配。蒲城县根据房少人多的现状，将孤、老、病、残的家庭优先在底层抽号安置，剩余房源统一抽号分配；岐山县加大对政策的宣传和咨询，做到家喻户晓，妇孺皆知。同时整个工作接受群众、舆论、行政、人大的监督，目前没有发现一起投诉的现象。

3. 保障房建设对我省城镇化建设起到了积极的推动作用

（1）保障房改善了城市中低收入居民的生活质量。持续规模化的保障房建设，无论从实际需求还是从心理需求都已经或正在解除城市困难群体对住房的失落与恐慌。无论是县城建设还是重点镇建设，都在快速、有序地改善着城市普通群众的居住条件和生活环境，城市居民生活质量的预期在明显提高。

（2）保障房建设集中地为城镇化快速发展做了先期的储备。各地保障房建设与城市新一轮的规划紧密结合，都表现出了一定的前瞻性。商南县已完工和正在建设的保障房已占到计划的87%，明显地拉大了城市框架，同时抓住移民搬迁的机遇，加快了试马镇等多个乡镇的建设，既解决了移民搬迁的安置，也为城市长远建设，城市产业提升，城市人口聚集奠定了基础。安康市提出先盖房、再招商的思路，为城市产业提升和解决流动人口的栖息创造了条件。

（3）保障房在商品房调控期间拉动了城市的建设和消费。去年以来保障房的建设规模，在一定程度上填补了国家调控期间商品房建设增速放慢的影响，不仅拉动了建筑业的发展，也促进了城市经济的繁荣，刺激了地方的消费（我省的县城和乡镇，实际上正在经历着一个繁荣的建设期）。尤其是贫困地区利用保障房建设和移民搬迁的机遇及政策，加快了城市建设和新农村建设，为老百姓带来了实惠。

（4）保障房统筹了城乡的发展，推动了公共资源的共享。全省重点镇的建设，农民进城，农村社区的建设，既是保障房建设的内容，又是推进城乡一体化的重要举措。富平县在城市规划中合理布局保障房建设，还通过扶贫减灾搬迁、土地增减挂钩建设新型社区，形成梯次开发、逐级保障的建设格局，吸引更多的群众进入城市生活和就业，目前的保障房中农村户口就占到 25%，全县农民进城落户 3.2 万人，城镇化水平由 23% 提高到 37%。保障房建设实际在推动着公共资源的共享，加快着城乡一体化的步伐。

二、目前存在的问题

（1）部分市县征地拆迁缓慢，老城区改造遇阻，土地审批滞后，保障房建设进度计划难以落实，城市化建设速度也受到不同程度影响。渭南市今年共需 2879 亩保障房土地，由于拆迁和土地手续的原因，目前仅落实 750 亩；富平县庄里镇新区已全面开工，但用地还未得到正式审批；商洛的沙河子镇、蒲城的孙镇、安康的恒口镇等重点镇受资金等制约，建设速度实际也很难达到计划的要求，较大地影响到重点镇的发展。

（2）经济落后地区保障房自筹资金不落实。渭南市 2011 年的廉租房、公租房 12300 套，61.5 万平方米，需投资 12.3 亿元，中省补助 3.98 亿元，市级配套 1.97 亿元，资金缺口 6.35 元，占总投资的 51.6%；商南县目前公租房、廉租房共需投资 6.4 亿元，资金缺口 3.2 亿，占到 50%。困难县向省保障性住房建设管理企业贷款，手续繁多、额度较少且时间拖后；从理论上讲，地方都希望限价房建设中政府的收入反补廉租房和公租房，但实际前者的建设缓慢，销售滞后，短期解决不了反补的问题。各地普遍的做法都是将地方自筹资金转化为了施工企业的大量垫资，垫资量平均都在

30％以上。这一问题不仅已经影响到建设的速度和竣工使用，而且形成的风险还会转嫁到企业和建筑业进城务工人员身上，造成新的社会影响。

（3）廉租房、经适房限制面积过小，从长远看适用性存在一定的问题。在访问中，相对于大中城市，县镇的老百姓希望保障房面积更大一点，边远人口较少地区老百姓也希望保障房面积更大一点。西乡县反映，青壮年人宁可享受住房补贴，也不愿住廉租房小户型。这里既存在着新生代家庭社会心理的障碍，也有中国传统式大家庭长期居住的实际不便。目前的标准在一些地区造成了廉租房和经适房申报不足的状况。有些地方政府为了将来的实用，在设计中变通，建成可打通合二为一的小户型。

（4）对保障房的需求各地事实上存在着一定差异。调研中发现，渭南市的富平、蒲城等县认为廉租房、公租房量少，要求增加指标，而宝鸡市由于保障房建设抓得早，岐山、凤翔、千阳等县目前对廉租房、公租房实际需求低，他们担心形成新的空置和国家投资的浪费。凤翔县还出现了"宁可房子闲着，也不违反政策"的现象。个别地区出现的需求下降的原因，一是群众实际困难程度与对房屋面积的心理需求存在着一定差异；二是由于对保障户的经济状况摸底存在一定难度而导致信息的不准确；三是在县以下城镇，国家的入住标准过高而限制了一般低收入群众的实际需求。

三、几点建议

1. 将保障房建设纳入我省城镇建设的长远规划

城市化是一个渐进成熟的过程，保障房建设从现在起就要列入城镇规划发展的重要内容。一是保障房建设根据城市人口增长速度和建设总量，地方政府在土地安排和用地分布上都要列入每年工作计划，保持长远的自觉性。二是保障房建设要统筹好城市资源。要逐步引入市场机制，政府要统一规划和主导，通过土地、信贷、税收等优惠政策引导企业和民间资本进入。同时要统筹使用好已有的保障房、闲置商品房、小产权房等存量资源。三是城市规划要强调以人为本，宜居生活的理念。在统筹城乡中，不仅要吸引农民进城享受公共服务，也要使城市居民更多的享受田园风光和绿色的环境资源。

2. 完善基础设施，加快保障房的配套工程建设

由于受地价和老城区的限制，保障房小区在诸多方面都有先天的不足。从近期看，要着重解决入住的设施完善与交通、社区服务的配套，尽可能做到让入住的百姓满意；从远期看，要从规划入手，在交通、入学、医疗、环保、养老、社区服务等方面与保障房配套，使保障对象在公共服务上享受与城市其他居民同等的待遇，使保障安置小区成为城市建设的新亮点。

3. 尽快落实各级配套资金，为保障房投入使用开绿灯

今年下半年到明年是"十二五"首批保障房竣工入住的关键时期。要加快解决资金和土地审批环节的问题，降低由于资金不足等原因引起的拖欠工程款、影响竣工验收等连锁风险，尽快显现出保障惠民的效果。一是协调省财政和保障性住房建设管理机构，增大首批贷款的额度，最大限度的解决欠发达地区的资金缺口；二是在欠发达地区，对廉租房在自愿的基础上实行"租售并举、产权共有"的政策，既解决眼前资金紧缺，又能起到保障惠民的共鸣效果。三是引入市场运行机制，用政策鼓励社会力量参与，以合作开发、BT、代建等形式进行开发建设，以减轻政府近期压力和长期的负担。总之，当务之急是从资金上保证首批居民尽快大面积地入住。

4. 保障房的面积标准应从实际出发，适当变通调整

由于保障房的建设在近几年比重较大，根据县、镇老百姓的实

际需求，为了提高其远期实用性，可考虑将建设标准和政策享受标准区别开来。比如廉租房和经适房建设标准可以适当放宽到 70～80 平方米，超出政策面积的，按市场价出售，这样既能满足居住者的需求，又能避免未来房屋的空置。

5. 进一步核实各地需求，调整第二阶段保障房指标考核体系

由于第一阶段强力的责任考核推动，才有了目前好的建设局面。在继续进行指标考核要求的基础上，下一阶段，应进一步核实地方的需求，采取申报和计划相结合的管理办法，实行动态管理，把重点放到竣工、配套和入住上来。一是根据现实摸底和报名情况，调整不同需求地区的总量指标（例如渭南就希望廉租房指标多一些，宝鸡希望廉租房指标少一些）；二是突出新的考核指标，例如重点考核周期房屋建设的竣工率、小区使用设施配套率、保障户的入住率等。

6. 适当放宽保障房的入住条件

根据目前规模建设的实际和入住摸底存在的差异，在县级以下城镇，廉租房的申请范围可适当放宽；调整部分政策，尽力安排城镇户口以外的住房困难家庭：如希望进城落户的教师、医生、乡镇干部等所谓"一头沉""夹心层"家庭购买限价房，这样既可以尽快解决资金的周转问题，又可以增大在城市生活和消费的人口。

7. 将城市公共服务与户籍脱钩，吸引更多的农民进入城市生活和就业

渭南市农业人口有 450 万人，他们在放宽落户条件、实施住房保障、解决进城就业等方面取得了成功的经验。要逐步消除二元结构体制对农民进城的限制，在户籍制度未全面改革前，可学习外地做法："农民待遇不变，增加市民待遇"，在房源充足的地区，使保障房更多地向进城农民倾斜，加快人口向城镇的转移和聚集。

8. 尽快建立健全保障房的分配、管理和退出机制

随着保障性安居工程的持续推进，保障性住房的存量会越来越多，管理和运营好这些房屋是政府和群众普遍关心的问题。我省正在建设的五年轮候和信息系统是一个积极有益的探索。要进一步完善居民收入核查制度，提高信息的透明度和准确性，实现保障房在严格审核条件下的有序转化；要探索委托服务、购买服务等多种物业管理模式，逐步建立市场化的运营管理机制，实现保障性安居工程可持续运转。

统筹城市资源　建设宜居住房

中央最近提出了新型城镇化建设的要求，并且提出要遵循城镇化的客观规律，积极稳妥地推动城镇化健康发展。我去年和有关方面对保障房建设与城镇化的问题向省政府提出了一份报告。经过学习与思考，还有一些新的看法和建议，供省领导参考。

一、城镇化建设中出现的三个不平衡问题

城市人口聚集与农村大量出现的空巢现象之间的失衡；大城市开发过度与农村公共服务投入不足之间的失衡；由于环境的制约，大城市产业发展受限与农村新型产业开发不足之间的失衡。城镇化过程中出现的发展不平衡问题值得关注，也是在新型城镇化语境下应该调整与完善的课题。

解决城乡社会二元结构问题，既要解决好进城农民的市民化问题，更要加快公共服务向乡镇和农村社区的延伸。

在城镇化过程中，要将主要着力点从规模、速度建设逐步转移到环境、生态和宜居生活建设上来，转移到增强城市承载能力建设上来。

二、几点建议

1. 统筹城市现有房屋资源，优先解决城市住房刚性需求者与进城长期务工者的住房问题

（写于 2013 年 3 月 8 日，关于新型城镇化建设的几点建议，时任陕西省政府参事）

城市现存的商品房（空置率约占 35％以上）、保障房、小产权房，都是已形成的、有城市配套服务的房屋资源，它们又占据着城市较大的生存空间。如果能从政策层面灵活处置，便可以有效地利用城市现有资源，减少空置的压力，避免重复建设，安排刚性需求和低收入群体的住房问题，也可以让他们在市区内享受低成本的方便生活。这是一个一举两得的事情。

2. 简化手续，加快保障房的投入使用

保障房建设今年已经进入大面积竣工入住时期，但是由于前期手续、资金、配套设施的影响，基层主管部门争论和顾虑较多，有些地区的实际入住率不高。今年当务之急，是要尽快完善配套，促进资金到位，简化相关手续，因地制宜，尽快分配入住，这关系到老百姓切身利益的实现，也关系到惠民政策的可持续问题。

3. 要将"宜居生活"的理念引入城镇化建设

大城市的发展一定要从全局进行规划，尤其是西安市，省政府要像西咸新区那样直接指导。一个生态、宜居、文化的历史名城绝对不能再增加高密度的住宅群，不能再建设毫无意义的水泥广场。一是集约、高效控制建设用地，合理设置城镇人均住房标准。要严格计算现有城市人口与现有房屋空间资源，避免盲目建设和房屋空置。二是加快解决城市交通和地下管网的布局建设，以提高城市承载能力和防风险能力。三是城市建设要开发出更多的绿地。城市绿化，首先要把城区绿化到位。新加坡面积比西安市区还要小，但它的绿色地带达到 47％，公园有 200 多个，是名副其实的"花园城市"。陕西的大中城市，首先要走优美环境、绿化宜居的路子。

4. 引导级差地租的高位向城市郊外转移

在不突破农耕用地界限的前提下，可以考虑在临潼、户县、周至及渭河两岸的新区扩大小城镇建设，用政策吸引民间投资，开发建设新型的、绿色的住宅群，以满足中等收入群体改善居住条件的要求，也避免了城市摊大饼式的扩展。部分中等收入居民向外埠迁徙的同时，就可以逐步改善大城市周边县镇的公共服务、商业物流、旅游环境，真正发挥好大城市的辐射带动作用。

5. 利用农村现代产业化发展的契机，促进村镇新型社区的发展

全国人大政府工作报告讲到，城镇化要与农业现代化相辅相成。除了陕南、陕北部分山区的情况外，在陕西大部分土地上发展现代农业产业，具有独特的科技优势与自然优势。要充分利用土地流转的政策，支持专业大户、家庭农场、农民合作社实现集约经营，逐步在农村形成一定规模的产业聚集，吸引更多的农民不离乡土，成为农村产业工人。围绕现代产业和人口向小城镇聚集，建设新型的农村社区，延伸社会公共服务，这应该是城镇化的另一个重要方面。吸引农民进城务工和吸引农民进入农村现代产业，两轮驱动，推进城镇化，更符合我省的实际。

陕西建筑业发展的现状与对策建议

我根据最近的调查了解，将陕西建筑业发展的现状及希望政府支持解决的问题写了一个简要的报告。

一、陕西建筑业发展的现状

1. 发展速度持续增长

"十五"以来，陕西建筑业进入高速发展阶段，国家固定资产投资的持续增长和西部大开发的机遇，促使众多的建筑企业规模稳定增长，全省建筑业近五年平均每年的产值增长幅度在39%。2010年建筑业增加值887亿元，占陕西GDP的8%以上。陕西的发展也吸引了中央和外地大批施工企业进入陕西，形成了新的竞争局面。

2. 工程质量明显提升

近年来，陕西建设主管部门着力抓了文明工地建设和精品工程管理，大大促进了行业的自律，形成了竞相抓管理、努力创品牌的新局面，工程质量明显提升，文明工地建设也位居全国前列，仅2010—2011年全省获得中国建筑工程鲁班奖10项。

3. 技术进步助推了行业快速发展

快速增长的规模促进企业追求技术的进步，以陕西建工集团为例，"十五"以来依托科研院为企业的研发中心，不断推广建筑业的十项新技术，开发出企业工法167项，国家专利35项，并深入研究和推广建筑节能和绿色施工，取得了骄人的业绩。

（写于2011年12月21日，时任陕西省人民政府参事）

4. 建筑业发展带动了大批建筑业进城务工人员就业

陕西大约有 250 万名建筑业进城务工人员进入城市建设，以陕西建工集团为例，集团自有职工 2 万人，但在工程上要使用 15 万以上劳务或分包队伍，在满足劳务人员收入的同时企业也担负起了社会稳定的责任。

陕西建筑业经过多年的发展，为地区经济和社会进步做出了巨大的贡献，已经成为建设西部强省的重要力量和支柱产业。

二、建筑行业面临的突出问题

1. 市场的无序竞争导致企业利润率偏低

建筑企业利润率低是目前的普遍现象，如陕西建工集团产值利润率平均不到 1%，中铁、中交等中央企业也仅 2%～3%。所谓无序竞争，一是进入陕西施工企业太多且良莠不齐；二是招投标市场管理失范，业主拖欠工程款的行为愈演愈烈，恶性竞争迫使企业利润不断下滑。

2. 本土建筑业规模偏小

外地施工企业大举进入，仅特级施工企业集团就有 64 家，陕西本地国有企业所占有的市场份额也就是 10% 左右。陕西建工集团 2011 年产值突破了 300 亿元，也才占全省份额的 8%。本地民营企业年产值突破 10 亿元的也是屈指可数。

3. 工程分包中风险与问题丛生

目前的工程承包中有 30% 以上的是挂靠项目，挂靠项目中屡屡出现质量安全事故。这种靠关系承接并未得到有效管理的项目，给社会、业主和施工企业都带来了巨大的风险和隐患。

4. 劳务市场缺乏有效的管理与约束

建筑劳务分包市场当前的主要矛盾应该是高技能、成建制的市场需求与低素质、管理无序的劳动现状之间的矛盾。劳动力价格也已大大超出了定额单价，而劳动力资源还是供不应求，建筑业进城务工人员的基本权益也未得到应有的维护。

三、在转变发展方式语境下企业应重点抓好的工作

1. 抓住机遇，调整结构，做大做强一批集团企业

当前大的形势是稳中求进，虽然总体发展规模降速不大，但在房地产和局部行业已经出现明显的拐点。企业尤其是大型施工企业一定要抓住西咸一体化等城市建设的机遇，加快调整经营结构和商业模式，在市场的高端发展，为地区城市化建设和保障房建设做出贡献，同时实现新一轮的转型升级。

2. 在转型中实施集约化经营，提升企业利润率

企业在转型升级中要针对项目成本的竞争压力，下决心实施集约化经营和精细化管理。由企业法人直接管理重要的资源配置，管控经营的风险。通过技术和管理创新提高企业的生产能力和工作效率，从根本上改变施工企业利润率低的现状。

3. 理顺总分包关系，建立企业稳定的劳务公司

技术劳务人员紧缺已经严重影响到企业的发展。大型企业要重新认识当年"两层分离"后的新路，重新培养隶属于企业但又相对独立的劳务队伍。企业有一支较为稳定、素质较高的劳务队伍，就能抵御未来的劳务风险。当然，这支新的劳务队伍不能再叫"建筑业进城务工人员"，而应是产业建筑工人的重要组成部分。

四、需要政府在外部环境和政策引导上支持的建议

1. 利用机遇，加快培养本地的支柱性施工企业集团

基于建筑业对全省 GDP 的贡献，今年的工作报告在"发展传

统产业"中还应加上建筑业。政府要研究和关心本土施工企业的成长与壮大。要在注册资金、政策扶植、施工资质等方面给予更多的支持。尤其是对陕西建工集团这样的地方龙头企业，要创造条件，让他们获得进入地铁、公路和水利等新领域的机会；统筹协调，补充和增加企业的注册资本金，促进其尽快进入国家特一级总承包行列，成为具有较强的国际竞争能力的大型建筑企业集团，并协助支持其尽快上市。

2. 关注民生，解决好建筑业进城务工人员的管理问题

对建筑业进城务工人员的管理要上升到民生工程的高度去看，要填补对劳务企业资质审批后无人管理的空白。建设主管部门和大型企业都有义务通过多种途径加强对建筑业进城务工人员的技能培训与素质提高，定期进行质量和信誉的综合评价，激励先进企业，约束欺诈行为。同时也要解决好建筑业进城务工人员的住房、社保、子女上学等问题，真正使进城务工的农民成为建筑业产业工人的一员。

3. 整顿市场，解决好拖欠工程款的顽症

在长期买方市场的状态下，业主不履行合同、以各种理由拖欠工程款的行为已造成了灾难性的后果：建筑业进城务工人员欠发工资，企业应收款增大、利润下降，恶性循环导致社会的不稳定。政府有关部门和法律部门要联手行动，从源头上监督业主的履约行为，解决肆意拖欠工程款的问题。

4. 与时俱进，适时调整人工定额单价

由于近年人工单价上涨过快，由政府某一部门定期调整定额已滞后于市场的变化，也不利于劳务队伍的稳定。应该改为由政府权威部门将人工单价以信息价的方式，及时、客观、合理地发布与调整，以指导招投标报价和工程结算。

5. 多管齐下，整顿好工程总分包市场

建筑业总分包市场的混乱已到了无以复加的地步，挂靠式的分包已经给企业和社会造成了极大的危害。要彻底解决好这一顽症，必须要多管齐下：政府建设主管部门出面，从源头上把好招投标的关口；税务部门严格审查所有工程是否建立财务成本账目；监察机关审查并约束好业主的行为，这样总分包市场一定能治理好，关键还是一个"认真"。

以上建议妥否，请批示。

加强市场监管 推动建筑业转型升级

最近我和有关人员根据我省建筑业市场存在的突出问题走访了建设厅、地税局、工商局、统计局、陕西建工集团等单位，形成了一份调查建议，现呈送政府领导。

一、陕西建筑业的发展及供大于求的市场现状

近年来，在省委、省政府的领导下，我省经济快速增长，建筑业也取得了长足的发展。2012年，全省建筑业总产值达到3533.54亿元，同比增长21.5%，全国排名第16位；建筑业增加值为1228.01亿元，占我省GDP的比重升至8.5%，支柱产业地位增强、贡献率增大。全省各级住房城乡建设部门积极作为，依法加强监管力度，努力规范市场秩序，为我省建筑业迅猛发展提供了有力保障。

但是由于国家对一线城市房地产调控力度加大，东部建筑企业大举西进，我省建筑市场开始出现产能过剩的问题。我省资质以上建筑企业1343家，中央、外省入陕建筑企业735家，合计达2078家。依我省去年3533亿元的建筑业总产值计，每家企业年均产值仅为1.7亿元，如果再加上3800多家三级资质以下企业，每户企业平均不到0.7亿元产值，建筑市场明显处于产能过剩的状态。供大于求的建筑市场必然引来过度竞争的问题。

在工程招投标过度竞争中，不规范、非理性的行为时有发生。

（写于2013年8月1日，时任陕西省政府参事）

例如，在投标过程中，非理性报价、围标串标、买标卖标以及工程中标后违法转包、违规挂靠等行为大量存在；部分并没有实际管理、技术力量，没有施工队伍的空壳企业，甚至以围标卖标作为自己的"主业"。这些企业的不良行为，严重扰乱了我省建筑市场的秩序，也较大地影响到我省建筑业健康的发展。

二、供大于求的建筑市场对陕西建筑业发展的影响

1. 外省企业以其高资质等优势占据了较大的市场份额

在本省现有的 1343 家资质等级以上建筑企业中，总承包特级资质企业仅有 5 家（除陕建集团总公司之外，其他 4 家均为中央驻陕企业）。总承包壹级资质企业仅有 135 家。而外省入陕的 735 家建筑企业中，总承包特级资质企业就达 136 家，总承包壹级资质企业多达 466 家。大量资质等级高、经营机制活、运营成本较低的外省建筑企业进入陕西，给本省企业造成了巨大的竞争压力。陕西建工集团和西安建工集团 2012 年产值之和才占到我省建筑业总产值的 15％左右；而我省大批的民营建筑企业、地方中小建筑企业更是势单力薄，发展缓慢，难以做大做强。

2. 外省企业在陕西所占市场份额与其对地方的贡献并不对等

2012 年，全省 30％以上的工程量由外省入陕建筑企业承包，特别是公路、铁路、地铁、水利、城市基础设施等大型、重点工程项目，工程造价高，利润空间大，90％以上的量为中央企业和外省企业承建。而 2012 年外省入陕建筑企业在我省共缴纳营业税 14.53 亿元、企业所得税 3994 万元，仅占我省建筑业营业税和企业所得税征收总额的 12.4％和 4.7％。而陕西建工集团一家 2012 年就缴纳营业税 12 亿元，所得税 6626 万元。虽然外省入陕企业凭借雄厚的资金和技术，为我省建设事业发展做出了积极贡献。但从地区经济发展角度看，无论是从 GDP 统计，还是税金缴纳方面，

对陕西经济所做的贡献与其所占的市场份额都不成正比，对我省经济的贡献率远小于本省建筑企业。

3. 一部分外地企业在陕施工并不具备实际的资质能力

中央及外省入陕建筑企业的多数仅把陕西作为其经营战略调整的一个局部，不会也不可能投入更多的企业资源。绝大多数是以分支机构的形式存在，虽说营业资质高，但实际在陕西的管理和技术人员偏少，经营过程中存在名不副实情况；大部分企业入陕注册时所填报的建造师和现场管理人员到岗率极低，实际上也不带队伍，导致挂靠、转包现象比较普遍；少数企业的经营者靠"卖牌子"钻营于市场，从而滋生了腐败、扰乱正常的市场规则，既给建设工程的质量和安全带来了隐患，也加大了建设行政主管部门的管理难度。

三、加强市场监管，推动我省建筑业转型升级的几点建议

1. 支持我省建筑企业转型升级、做大做强

以陕西建工集团为代表的本地大型建筑企业，在历史上为陕西发展做出过突出的贡献，当前又具备了较强的管理和技术优势。省政府有关部门如果能在城市地下交通、地下管网、水利、化工、基础设施建设等领域，在新型城镇化建设中给本地企业创造机会，先行进入新的领域；用政策鼓励加快实施工程总承包（EPC）、工厂化施工生产、延长产业链条，我省的大型建筑企业一定会加快实现传统产业的转型升级。如果陕西建工集团和西安建工集团在本土市场份额再翻一番，其对陕西的贡献将会更加突出。另外，要利用西部发展的机遇，大力扶持本省民营、中小建筑企业快速成长，通过资质升级、合并重组、产业优化等手段，提升中小企业的竞争实力，并通过市场细分，给中小建筑企业提供更多的生存发展空间。

2. 从严执法，净化陕西建筑市场

建筑市场不规范的问题是全国性的问题，根据国务院的要求，行政执法要宽进严管。行业主管部门要加强对工程项目的监管，切实整顿管理缺位、人员缺岗、挂靠转包等不规范的行为。建筑行业协会也要密切配合、强化行业的自律，在支持信誉好的建筑企业健康发展的同时，要对信誉差、违法违规、扰乱市场秩序的企业进行常态化的通报处理，情节严重的要坚决清退出陕西市场。

3. 借鉴外省经验，加强市场监管

一是严格市场准入。对入陕企业的办公场所性质、面积进行严格要求（外省普遍要求办公面积不少于 200 平方米，且不能是住宅，租赁期不得少于 2 年）；对入陕管理人员数量严格要求（主要管理岗位人员不少于 30～40 人）；对入陕备案提供资料的真实性予以严格要求（须提供全体备案人员身份证、岗位证、职称证、劳动合同、社保交纳证明原件，企业证件、业绩资料均需提供原件，备案和年检时企业法定代表人必须亲自到场）。

二是强化招标监控。加强对入陕企业参与工程招投标的管理，要求投标建造师本人必须参加开标会议，中标后建造师证件由监管部门代管。对于在工程招投标过程中围标、串标、买标卖标等行为，一经发现，坚决清除出陕西市场；在信用评级、评标办法等方面向本省企业适当倾斜（例如：江苏省评标办法中，在本省税金缴纳、完成产值、获得本省优秀企业或工程获本省奖项均有加分办法；浙江省对建筑施工企业实行信用评级制度，按照对本地区的纳税、产值等贡献进行评级，信用评级高的企业招投标中予以加分）。

以上建议供领导参考。

保障房建设在我省的城镇化中的推动作用

我省保障房建设在省委、省政府的有力推动下取得了初步的成效。从近期看,这是解决居住困难的老百姓住房需要、平衡社会矛盾的重要举措;从远期看,保障房建设已经纳入了新时期的城市建设,对我省城镇化长远发展起到了积极的推动作用。

1. 保障房改善了城市中低收入居民的生活质量

持续规模化的保障房建设,无论从实际需求还是从心理需求都已经或正在解除城市困难群体对住房的失落与恐慌。无论是市县建设还是重点镇建设,都在快速、有序地改善着城市普通群众的居住条件和生活环境,城市居民生活质量的预期在明显提高。

2. 保障房建设集中地为城镇化快速发展做了先期的储备

各地保障房建设和城市新一轮的规划紧密结合,都表现出了一定的前瞻性。不少市县已完工和正在建设的保障房小区,明显地拉大了城市框架;陕南、陕北多数地区都抓住移民搬迁的机遇,加快了新居住点的城镇建设;有的地方提出先盖房再招商的思路,为城市产业提升和解决流动人口的栖息创造了条件。

总之,近期的保障房建设为城市长远发展,为城市产业提升和城市人口聚集奠定了基础。

3. 保障房在商品房调控期间拉动了城市的建设和消费

去年以来保障房的建设规模,在一定程度上填补了国家调控期间商品房建设增速放慢的影响,不仅拉动了建筑业的发展,也促进

(写于 2012 年 8 月 18 日,时任陕西省政府参事)

了城市经济的繁荣，刺激了地方的消费（我省的县城和乡镇，实际上正在经历着一个繁荣的建设期）。尤其贫困地区利用保障房建设和移民搬迁的机遇及政策，加快了城市建设和新农村建设，为老百姓带来了实惠。

4. 保障房统筹了城乡的发展，推动了公共资源的共享

全省重点镇的建设，农民进城，农村社区的建设，既是保障房建设的内容，又是推进城乡一体化的重要举措。一些市、县在城市规划中合理布局保障房建设，还通过扶贫减灾搬迁、土地增减挂钩建设新型社区，形成梯次开发、逐级保障的建设格局，吸引更多的群众进入城市生活和就业，城镇化水平明显提高，保障房建设实际在推动着公共资源的共享，加快了城乡一体化的步伐。

当然，保障房建设在特定的历史阶段集中解决社会问题，其计划性、政策性要更强一些，在执行中也不可避免地会遇到一些新的问题。如果我们孤立、简单地分析和认识，必然会得出许多片面的结论。如果我们理性、综合地看待和思维，将保障房建设这一阶段性的工作放到城市建设的长河之中去看，就会自觉地做好当前的工作。

中国经济结构调整的重要内容之一就是推进城镇化。城镇化主要是做好两件事情：产业的集中和人口的集中。放到民生的社会层面看，就是老百姓的生产与生活问题。目前所实施的保障安居工程，从长远讲，就是城镇化的重要组成部分，也是城镇化最根基的部分。也就是说，要从地区经济的长远建设看待保障房建设，从城镇化的大格局中去实施保障房的建设。为此，当前要思考并做好以下几项工作：

1. 将保障房建设纳入我省城镇建设的长远规划

城市化是一个渐进成熟的过程，保障房建设从现在起就要列入城镇规划发展的重要内容，一体化统筹安排。要根据城市人口增长速度，地方政府在土地安排和建设投资上把保障房建设列入每年工作计划，保持长远的自觉性。要逐步完善基础设施建设。由于受地价和老城区拆迁的限制，保障房小区在诸多方面都有先天的不足，从近期看，要着重解决入住的设施完善与交通、社区服务的配套，尽可能做到让入住的百姓满意；从远期看，要从规划入手，在交通、入学、医疗、环保、养老、社区服务等方面与保障房配套，使保障对象在公共服务上享受与城市其他居民同等的待遇，使保障安置小区成为城市建设的新亮点。

2. 要引入市场机制，统筹利用好城市资源

保障房建设由政府主导无疑是正确的，但作为市场经济下的物质形态，它的生成自然要受资金的制约，它的存在是要适应市场经济的运行规律。因此，要从城镇化总体上去把握，在资金安排上需要政府总体规划主导，但还要逐步通过资金、土地、信贷、税收等优惠政策引导社会与民间资本进入，参与建设，这样既能减轻政府近期压力和长期的负担，也能较好地触摸市场需求的脉搏，保持长久的供需平衡。另外，要统筹使用好城市现有的房屋存量资源。近些年大量建设并空置的商品房、城区闲置待贾并无正名的小产权房，还有已经建设准备分配的保障房，从本质上说都是供人们居住的处所，从空间上讲都已经占据了城市的位置。从城镇资源效能最大化角度看就是要用市场行为加行政干预的办法统筹利用好城市现有的这些房屋存量资源，这既是一个解决普通百姓生活安居的民生问题，也是城市科学的可持续发展问题。

3. 将城市公共服务与户籍脱钩，吸引更多的愿意进城人员和农民进入城市生活和就业

我省有些地区尝试在放宽落户条件、实施住房保障、解决进城就业等方面取得了成功的经验。在县级以下城镇，廉租房的申请范围可适当放宽；调整部分政策，尽力安排城镇户口以外的住房困难家庭：如希望进城落户的教师、医生、乡镇干部等所谓"一头沉"、"夹心层"家庭购买限价房，这样既可以尽快解决资金的周转问题，又可以增大在城市生活和消费的人口。要逐步消除二元结构体制对农民进城的限制，在户籍制度未全面改革前，可学习外地做法："农民待遇不变，增加市民待遇"，在房源充足的地区，使保障房更多地向进城农民倾斜，加快人口向城镇的转移和聚集。

4. 要从地区经济发展的实际看待产业和人口聚集的问题

按照常规的思路来说，我省城镇化的一般方向是围绕大城市和县城聚集产业，同时吸引更多的农民进城务工，从而扩大城市的容量和消费，这无疑是正确的。但我们还要看到另一个现实，就是陕西关中平原发展现代农业的基础条件和陕南特色农业的资源是得天独厚的，从长远的观点看，开发现代农业和特色农业，完全可以在市场化的运作下形成较大的产业集群，并提升农产品的附加值，成为我省新的经济增长点。这样就无形中可以吸引更多的农民加入其中，成为新的不离乡土的产业工人，围绕这些产业的各类建设包括新型农村社区建设无疑也是城镇化建设的组成部分。两条腿走路，解决城乡二元结构问题恐怕是现实之举。

5. 城镇化和保障房建设要体现以人为本，宜居生活的理念

西咸新区建设在规划中提出了田园城市的理念，这种理念在建设西安国际化大都市的总体规划中都应该得到体现。不仅是保障房建设，就是所有的商品房规划建设都要遵循宜居生活的理念，盲目的、高容积率的水泥森林建设恐怕要告一段落了，代之而来的建筑概念应该是舒适的空间、绿色的环境、方便的服务。在统筹城乡中，将来可能会出现两种流向：一个是部分农民流入城市务工就业，同时享受城市相对廉价的公共服务；另一个是有条件的城市居民在住房上逐步地离开城区，走向郊外，向绿色的区域集中，去享

受田园风光和绿色的环境资源。

　　总之，要从地区的实际出发，抓住国家当前稳增长的机遇，抓住保障房建设的机遇，有效地推动我省经济发展和城镇化的建设。

尊重传统　勇于创新

今天，20 世纪 60～90 年代陕西经典建筑学术研讨会在这里召开。我代表陕西省土木建筑学会，向积极参与这次学术活动筹备工作的各位专家、各位领导表示衷心感谢！向前来参加学术研讨会的全体科技工作者表示热烈的欢迎！

去年，学会与中建西北院、陕西建工集团和建筑师分会合作，成功举办了建国初期西安优秀现代建筑学术研讨会，回顾了以洪青、董大酉为代表的老一辈建筑设计大师们和老一辈建设者们，在西安地区留下的一批具有中国建筑文化传统风格和民族风格的建筑代表作品；总结研讨了这一阶段传统建筑的风格特点和设计大师们的文化精神。研讨会后，我们还向全省建筑界发出了《陕西优秀历史文化建筑保护倡议书》。这次活动在我省建筑界及全社会都产生了广泛的影响。

大家知道，建筑是经济社会发展水平的重要标志之一，它是一个历史时期的政治、经济、科技、文化和民族精神的综合反映，是陈列在广阔大地上的民族文化遗产，也是我们民族最根本的精神基因之一。习近平总书记说："要努力展示中华文化的独特魅力。因为民族文化是一个民族区别于其他民族的独特标识。"在我国城镇化快速推进的今天，对传统建筑的研究和保护就具有了更新的时代内涵。我们要使陕西地区的新型城镇化建设既能弘扬民族文化精

（写于 2015 年 11 月，在 "20 世纪 60～90 年代陕西经典建筑学术研讨会" 上的讲话，时任陕西省土木建筑学会理事长）

神，又富有科技创新特质，就必须处理好历史传承和创新发展的关系，重点做好创造性转化和创新性发展。创造性转化，就是要按照时代特点和要求，对那些至今仍有借鉴价值的内涵和陈旧的表现形式加以改造，赋予其新的时代内涵和现代表现形式，激活其生命力。创新性发展，就是要按照时代的新进步、新进展，对优秀建筑传统文化的内涵和表现形式加以补充、拓展、完善，增强其影响力和感召力，使其屹立于民族文化的前列。

今天的会议，是承接去年研讨会的脉络，对 20 世纪下半叶陕西经典建筑的保护利用与传承发展中的学术问题进行探讨。

20 世纪 60 年代以后，特别是党的十一届三中全会以后，陕西城市建设步入新的发展时期。城市建设按照"统一规划、合理布局、综合开发、配套建设"的原则快速发展。以中国工程院院士张锦秋大师为代表的新一代优秀建筑师和建设者们，在公共文化建筑、园林、工业、教育、商业和住宅等多个领域建造了一大批优秀建筑。以陕西历史博物馆、秦始皇兵马俑博物馆、秦岭电厂、省政府办公楼、钟鼓楼广场、城堡大酒店、唐华宾馆、古都大酒店、建国饭店、唐城宾馆和曲江宾馆等公共建筑和工业建筑为代表的经典建筑作品，既吸取了传统建筑的精华，又满足现代使用功能的要求，是集地域特色和时代精神相融合的扛鼎之作。这批划时代的标志性建筑在三秦大地拔地而起，标志着陕西改革开放的前进步伐，也象征着陕西文化腾飞时代的来临。在以后的几十年里，这批经典建筑一直在为陕西地区的文化、旅游和社会经济发展发挥着巨大的影响。我们要认真地研讨这些建筑作品的文化、科技特点，并积极向政府提出保护传承传统建筑文化的一些建议。

20 世纪下半叶陕西经典建筑作品层出不穷，是和广大土木建筑科技工作者们的努力密不可分的，这其中涌现出了不少杰出的建筑师。为了弘扬他们呕心沥血、传承文化的奉献精神，倡导他们勇于创新、科学严谨的工作作风，陕西省土木建筑学会决定表彰在这个时期为陕西建筑设计做出了突出贡献、有一定代表性的建筑师。授予中国工程院院士、中国建筑西北设计研究院总建筑师张锦秋大师"终身成就奖"。授予陕西省建筑设计研究院有限公司顾宝和等10名老科技工作者"陕西杰出建筑师"称号。

今天，前来参加学术研讨的与会者当中，很多是来自高校、设计研究院以及施工企业的中青年专家，你们是参加全面建成小康社会决胜阶段的建设者，是实现中华民族近代以来最伟大梦想的追梦人。新竹高于旧竹枝，相信老一代的精神和成就一定会激励年轻一代建筑人，更好地传承文化，自觉地开拓创新，为美丽陕西的发展，为美好城市的建设做出新的贡献！

国际大都市的建筑要着眼于未来

西安是一座历史文化名城。

近些年，西安的经济快速发展，尤其城市规划和建设有了长足的进步，西咸高新的繁荣创新，曲江的绿色胜景，浐灞的现代园林，经开的商业集群都在向世人展现一个引人入胜的新型城市。西安的定位是国际化的大都市。面对高楼林立的城市建筑，我们似乎还应该思考一下更长远的问题。

一是建筑规划和设计要面向未来的人居需求。随着中等收入人群的扩大和消费水准的提高，高层、高密度的建筑群肯定会落伍，像发达国家一样，中国人也希望逐水而居，依林而宅，希望有自己的单独庭院，追求更绿色的环境和更舒适的空间，而且这种需求不会很遥远。

二是建筑要更好地体现民族和历史的特点，西安不仅只是汉唐的风格，还应该有明清的风格，比如城墙内的建筑，就应该以明清为主基调；即便是汉唐风格，也不能仅仅体现古朴和厚重，还应该表现出她曾有的美丽和动人。

三是城市要规划更多的绿地和公园。西安城市建设的国际化，大概最缺的就是城市的绿色和休闲的环境。绿色资源可以开发，也可以从城市周边索取，城乡一体化的理念其实也是一个双赢的理念。我们趁现在努力，还为时不晚。

（写于 2013 年 3 月）

小城镇建设要坚持宜居和绿色的理念

参事室课题组按照省政府关于我省城镇化建设的部署，针对我省小城镇建设中的资源利用及人的宜居问题进行了专题调研，实地考察了西安、杨凌、咸阳、榆林、汉中、渭南、安康等地的 18 个镇，经过充分地分析研究，形成了初步的调研材料，现报告如下：

一、我省小城镇建设取得了较大的阶段性成果

1. 城镇化建设推动有力，以人为核心的城镇化成为上下的共识

在省政府和建设厅的推动下，地方政府高度重视小城镇建设，重点镇建设速度加快，沿渭增补的几个镇也努力跟进，全省累积开工 1786 个项目，完成投资 272.3 亿元，小城镇的建设具有了一定的规模，新的城镇和乡村格局正在形成。

2. 重视发展现代农业，把提高农民收入作为城镇化建设的根本

各地根据自己的实际，因地制宜，引进和开发特色产业，较好地解决了进城务工人员的就业问题。杨凌全力推进城乡"六个一体化"，城镇化率已达到 54%。淳化的润镇和靖边的东坑镇，围绕农民的需求，发展现代农业和加工业，都取得了成功的经验。

3. 居住环境逐步优化，解决农民的宜居和改善公共服务成为

（完成于 2014 年 9 月 19 日，调研组组长：李里丁（执笔）；组员：王景安　张承中　刘西林　王毅红　夏永旭，关于我省小城镇建设中宜居问题的报告，时任陕西省政府参事）

新的着力点

政府通过多种渠道解决城镇的居住环境与公共服务配套问题,进城人口的住房水平和生活质量得到新的提高。无论是移民搬迁还是保障房建设,新的住宅工程都普遍解决了居民使用上下水的问题,其中五泉镇、瓜坡镇、草堂镇新社区建设体现了舒适和宜居,公共服务设施比较完善。池河镇在城市规划中因地制宜,节约资源,在移民搬迁中实施"交钥匙"工程,特困户得到很好的安置。

4. 历史文化得到传承,小城镇建设体现出了浓郁的地方特色

历史文化名镇的保护得到重视,各地注意挖掘历史文化的内涵及市场价值,使小城镇焕发出了新的生机。青木川镇、石泉的城关镇对历史文物保护比较到位,新旧城的规划建设也比较协调。汉阴县的漩涡镇在保护古村落建筑的同时,开发农业与旅游,形成了独有的地方特色。

二、目前存在的突出问题

1. 个别地区城市规划贪大求快,存在着一定的资源浪费

个别地区的城镇规划在执行"模块化规划,标准化建设"的要求中存在着一定偏差,在产业和消费基础不足,资金存在较大缺口的情况下,一些地区城镇规划脱离地区发展的实际,规划效果图与沙盘都做得很好,但城镇建设配套不足,征用土地闲置,产业经营萧条,未形成有活力的消费市场和人居环境。哑柏镇、永平镇旧城依然如旧,建成的新镇基本上是空城;恒口镇新区建设规模大大超出原规划,存在着较大的资金风险,其规划设计也存在着贪大求洋和投入过多的问题。

2. 在城镇化进程中,触及农民核心利益时个别考虑不周全

有些试点城镇还是依靠既有的工业或商贸资源扩大城镇化,没有充分利用我省独有的农业发展优势,农民与城镇的融合、进城农民的充分就业、农民进城后的生活负担实际上都存在着一定的困难。个别地方干部盲目在城镇的规模建设上出成果，未有真正顾及农民的核心利益和实际愿望。

3. 部分地区城镇建设尤其是住宅建设入住和使用率较低，基础设施配套滞后，资金存在较大缺口。一些城镇只是根据理想中的规划建起了较为漂亮的居民住宅和安居工程，但是实际入住率并不高，有些保障房和门面房由于配套跟不上，长期空置。在产业不发达的地区，重点镇仅凭每年不足1000万的资金很难使城镇建设配套化，更难以提供完善的公共服务。仅雨污分流这样的基础工程，大部分地区都没有真正做到。这种状况自然造成了资金的较大浪费与居住环境的不和谐。

4. 历史文化名镇在建设中存在着一定的困难和偏差

历史上的古建筑需要保护，按照"修旧如旧"的原则进行重新维修是对的。但一些地区在旧城改造中提出"建新如旧"，甚至用造价较高的木结构对近些年建成的房屋进行仿古"包装"，造成了不必要的浪费。另外，在古建筑维修中也缺乏专业的技术指导。

三、几点建议

结合当前我省小城镇建设的实际和存在的突出问题，我们建议，在国家逐步调整城镇化建设思路的当前，应从我省实际出发，从科学、合理的城镇规划入手，以宜居、绿色、资源节约与充分就业为着眼点，逐步推进和完善小城镇建设，进而带动全省新型城镇化建设的健康发展。

1. 城市规划要结合地区实际，资源配置与承载能力协调一致。建议有关部门对所有重点镇的规划建设落实情况、产业发展和市场消费情况、农民进城居住和就业情况做一次清查和阶段总结，进行一次科学的、实事求是的评价。根据资源、环境、人口协调一致的原则及时调整和完善原有规划内容，使政府提出的有关建设考核指标比较符合当地群众的实际需求和愿望，充分地体现分类指导、量力而行、动态考核、不搞一刀切的要求。尤其对相对贫困的地区，要从实际出发，减轻其建设与投资的压力，并将原五年建成的目标作以适当的延长。习近平总书记讲城镇化要"遵循规律，顺势而为"，因此要充分发挥市场在城市建设中对于资源配置的基础性作用，使已建成的项目尽快发挥经济效益，减少房屋的空置和土地资源的浪费，减少地方政府过度的负债。

2. 围绕发展现代农业，使多数农民逐步进入产业化生产与生活。中央最近提出了"农业适度规模经营发展与城镇化进程和农村劳动力转移规模相适应"的要求，赵正永同志讲，要把中小城镇作为吸纳农村居民的主要载体。陕西的农业发展有着巨大的潜力，建议在自然条件较好的地区，更多地扩大与发展规模化的现代农业，学习靖边东坑镇与杨凌五泉镇、揉谷镇的做法，抓住机遇培养大批的家庭农场主成为产业开发的中坚力量，吸引更多的农民成为现代农业产业工人，这样既可以解决谁来从事农业的问题，又可以解决农民不离乡土，逐步享受城乡一体化的公共服务问题。

3. 解决薄弱环节，完善公共服务，实现人的宜居与生态平衡。城镇化是一个自然历史的过程，要尽量避免把大城市的高层住宅和宽阔马路搬入乡镇规划中，农民是否集中居住要看当地的环境和条件，也是一个逐步适应和自然发展的过程。眼下小城镇建设要着眼于公共服务的配套，避免人口聚集后形成新的环境污染。建议各级政府要筹措必要的资金，重点解决污水处理、垃圾处理、道路交通等建设瓶颈，尤其是加快解决重点镇污水处理等基础设施的配套。使已经进城的老百姓房屋宜居，生活方便，环境优美。使现有的保障房和新社区尽快投入使用。另外，在将保障房的入住率作为首位考核指标的同时，要责成地方政府落实自筹部分的资金到位。

4. 开发原始村镇新的市场功能，减少资源的浪费。小城镇建设要与建设资源节约型社会的方针相吻合。在原有城镇有了一定规模和历史的前提下，建议不要在新镇的"模块"建设上投入过量的资金，以避免形成"空城"，造成不必要的资源浪费。要尽量尊重历史既存，顺应市场和人气，在旧城改造上多做文章，完善城镇的基础设施，提升公共服务水平，这样产生的实际效果会更好。另外，山区移民的搬迁，农民进城的居住，都有一个逐步适应的过程，因此地方基本建设的投入可以循序渐进，以减轻实际存在的财政压力。

5. 加大投入，保护好历史文化古村镇。一是对于年久失修的古村落要采取抢救性的措施进行加固和维修，要投入必要的资金，派出专业人员予以技术指导，保证建筑物的耐久和安全；二是在古村镇文物保护中，注意新老建筑的协调，避免人为地造古和做旧；要在村民宜居上做文章，避免过分的商业运作；三是在保护古建筑的同时，提升农林产业和旅游产业的协调发展，营造和谐的自然和生态环境。

6. 重视重点镇建设，增加必要的管理建制和人员。当前，小城镇建设已经成为我省新型城镇化建设的重要内容，规划与建设的任务比较繁重，资源管理和各方协调的工作量也较大，建议在镇一级增设专门的城镇建设管理机构和人员，并且适当地放权于基层，以适应当前工作的需求，发挥基层工作人员的积极性与创造力。

新型城镇化建设需要综合使劲和多方配合，要动员各个部门深入调查研究，共同解决矛盾。同时要尽快用我省已经推出的重点镇的典型经验来带动全省的工作，特别是那些抓住机遇、敢于改革、创造条件、自力更生，脚踏实地、埋头实干而取得一定实效的地方典型，这样的典型更具有学习和推广的普遍意义。

保护城市传统建筑是历史的责任

今天，中华人民共和国成立初期陕西现代建筑研究与保护学术研讨会暨陕西建工集团办公楼建成 60 周年纪念活动在这里举行。首先，我代表陕西省土木建筑学会，向积极参与这次学术活动筹备工作的各位专家、各位领导表示衷心感谢！向前来参加学术研讨会的全体科技工作者表示热烈欢迎！

当前，随着新型城镇化的深入发展，陕西的城镇规划与建筑设计步入到一个崭新的阶段。这个阶段是建筑科技快速进步的阶段，是建筑节能环保日臻成熟的阶段，是人居环境逐步优化的阶段。在这个阶段，我们还有一项重要课题，那就是处理好源远流长的中华民族建筑文化的传承与发展的关系。大家知道，建筑是经济社会发展水平的重要标志之一，它是一个历史时期的政治、经济、科技、文化和民族精神的综合反映。有位建筑大师说，古建筑和古城池是带有文化符号和生命光泽的"活化石"，是一座城市的历史记忆。为了系统地总结和研究陕西地区在建国初期兴建的一批优秀现代建筑的历史价值，并在我省今后的城镇化建设中积极加以保护利用和传承发展，由陕西省土木建筑学会主办、中国建筑西北设计研究院和陕西建工集团总公司联合承办了这次活动。

中华人民共和国成立初期，以洪青为代表的老一辈建筑设计大师们和老一辈建设者们，在西安地区留下的如西安人民大厦、人民

（写于 2014 年 11 月，在"建国初期陕西现代建筑研究与保护学术研讨会"上的致辞，时任陕西省土木建筑学会理事长）

剧院、陕西建工集团办公楼、原西安市委礼堂、和平电影院，以及陕西宾馆主楼等，一批具有中国建筑文化传统风格和民族风格的建筑代表作品，它们既蕴含着中国建筑传统文化的风骨，又突显出当时建筑科技的最新成就。中华人民共和国的建立，使社会生产力得到极大地解放，广大建设者以高度的劳动热情和积极的主人翁的姿态投身于城市建设的热潮之中，短短几年内完成的建设规模之大，项目之多，质量之好，是我省历史上少有的，它们奠定了我省城镇化、现代化建设的基础，为我们留下了光辉的典范与遗产。

中华民族具有五千多年的文明史，创造了博大精深的中华文化，其中就包含了建筑文化，这是我们民族最根本的精神基因之一。习近平总书记说："要努力展示中华文化的独特魅力。因为民族文化是一个民族区别于其他民族的独特标识。"今天，我们开会，对以洪青大师建筑思想为代表的、建国初期以来的西安地区公用建筑群进行学术研讨，就是基于以下几个方面的考虑：第一，是传承研究。作为十三朝古都的西安，文化积淀厚重，特别是自秦汉以来的建筑文化，可以说是举世瞩目。洪青大师作品对西安地区的建筑传统文化作了很好地继承与弘扬，我们有责任对其作品进行系统地研究与传承，对其创新精神进行认真学习和领悟，以增强中华民族的文化自信；第二，是保护利用。要研究如何对这些现代的也是历史的建筑作品的保护和利用，如何从城市管理和技术研发的角度对我省传统建筑文化遗产实行有效的维护，如何对传统的施工工艺、精湛的施工技术、严格的质量责任意识进行学习与传承，这是我们当今的城市管理者、建设者们所面临的长期任务；第三，是创新发展。中华传统文化在继承中必然有发展，建筑作品在各个时期都有时代的创新与进步。洪青大师在20世纪50年代设计的诸多建筑作品，在继承中有创新；陕西历史博物馆建筑、钟鼓楼广场建筑就是对西安古建筑文化的继承与创新；陕西建工集团的综合楼（华山国际酒店）也是对建国初期传统建筑在继承中创新的尝试，我们要在实践中探索出一条经得起历史检验的创新发展之路。为此，我们今天举办这个研讨会，希望能起到抛砖引玉的作用。

今天，我们有幸邀请到了西安市原副市长张富春等老一辈专家，以及有关学者及研究人员，来这里为我们作关于建国初期西安地区建筑创作的回顾与总结、建筑文物的保护和利用、建筑遗产的继承与创新的辩证关系等学术报告，我代表陕西省土木建筑学会，对为陕西建筑发展做出了突出贡献的老一辈专家学者表示深深地敬意，为专家们的到来再次表示诚挚的感谢！

这次学术活动，是我们对中华人民共和国成立后的 20 世纪 50 年代经典建筑作品的回顾与总结、保护与利用的首次学术研讨尝试。今后，我们还将持续开展对不同年代、不同风格的既具有传承又具有发展的优秀建筑作品的收集、整理工作，适时开展学术研讨活动，使建筑先贤、建筑大师以及老一代建设者们的建筑思想、创新精神和民族文化世代相传。预祝会议圆满成功。

谢谢大家！

提升国际大都市的旅游品位

西安市经过近几年快速地发展，经济和社会建设有了很大的变化。但是用国际化大都市的标准来要求，还是存在着一定的差距。如何最大限度地利用西安独特的自然和人文资源，在旅游和文化建设上再挖潜力，还有许多工作可做。笔者根据自己的观察和对有关部门的调查，提出以下建议：

1. 西安的历史文化积淀深厚，必须让城市及外来的人们更多地了解

可将目前设立的西安电视某一个频道设置成专门的长安文化频道，用历史、文学、故事、传说、旅游体验等等内容，高品位、深层次地介绍西安的文化（不能老停留在羊肉泡馍和低层次的娱乐水平上），让更多的人了解西安的全貌，向往这个历史名城，向往西安的传统文化。

2. 西安的道路标牌还不够清晰准确，需要完善

有些道路甚至是主要的道路，在十字口没有路牌；去旅游景点的道路指示不明显，不连续。建议为来西安旅游度假的人们设置更为清晰的道路指示标志，尤其是要多设置旅游景点的路标，主要的景点要有，次要的景点也要有。同时让自驾游的人们能便捷地寻找到旅游目的地。

3. 要为城市居民提供便捷实用的旅游度假信息

秦岭北麓、西安周边已经建起了许多可供旅游度假的好去处，

（写于 2015 年 6 月 8 日，时任西安市政府决策咨询委员）

但是由于信息不对称，一到节假日人们就会盲目地携带家人外出去"碰运气"，结果遇到的却是车辆拥挤和人头攒动，人们浪费了短暂的假期，怨声载道。建议由专门的部门在周末和节假期前详细准确地发布景点的人流趋势信息，提供更多的可供选择的度假景点，同时提供行走路线参考说明，这样将会方便市民，更好地拉动三产的发展。

4. 完善旅游度假设施

除了个别正规的度假宾馆外，目前更多的是"农家乐"在提供服务。农家乐服务的档次和标准目前都有问题。建议有关部门系统地规划秦岭南麓的旅游度假设施，要有高品位、大容量的消费场所。要对农家乐定期巡查，加强监管，在服务水平和质量上要和国际大都市的要求逐步接轨。

5. 旅游文化事业是提升西安城市整体形象的重要载体，也是发展第三产业、建设现代化大都市的关键环节，发展的潜力和空间非常大。

建议要设立综合经营管理机构，充分发挥地区文化单位、旅游单位、大学、企业（包括众多的民营企业）的独有优势，形成整体推进的合力。

着力关键部位　建设宜居城市

前不久，中央召开的城市工作会议提出了要实现城市有序建设、适度开发、高效运行，努力打造和谐宜居、富有活力、各具特色的现代化城市的新要求。这里我就西安的宜居城市建设提出几点具体的建议，供政府参考。

1. 关于城区居住规划的宜居性问题

如果有一个专题调研：已有住宅小区的原规划容积率与实际建成容积率的对比，肯定会引起我们的许多反思。多年来在各种原因的支配下，城市住宅小区密度过大、容积率过高的现实已经使城市的风环境、生活环境、卫生和交通环境遭到了较大的破坏，给现代城市的品质打上了折扣，这应该引起高层的重视。建议今后住宅小区包括写字楼等城市建筑的规划还是要充分考虑城市长远的宜居性，考虑"品质西安"的符合性。城区居住密度不能过大，容积率必须降到新的标准以内。

2. 关于地下管廊建设的实施问题

李克强针对今年的洪涝灾害提出加快城市地下管廊建设这一"短板"。其实地下管廊建设除了防洪外，还有共用、智慧、宜居等功能的要求，是品质西安的题中应有之意。西安除了继续西咸新区地下管廊试点建设外，建议：（1）在老城区做出 20 年左右地下管廊建设的长远规划，每年有区域和进度完成的要求，通过几届政府的持续努力，完成这一宏大的工程；（2）资金筹集一是积极立项，

（写于 2016 年 7 月 1 日，时任西安市政府决策咨询委员）

争取国家资金补贴；二是和进驻西安有实力的大型施工企业长期合作，以PPP的模式使规划落地生根，有效推进。

3. 关于森林城市建设与绿化城区的问题

提出建设森林城市是好的，但不能满足于秦岭北麓植被已形成的先天优势。森林与绿色是要几百万老百姓来感受的，是要国际游客来体验的。因此建议：

（1）大量增加城区绿色地带的总面积，减少混凝土硬化地面的比率，见缝插针，填补绿色。要制定出住宅小区、居民社区、机关事业单位、企业、学校等不同区域的绿植标准和面积要求。

（2）植树植绿的责任要分担到各级政府和企业、事业单位，资金由社会各界分担。其实企业不仅有此义务，更有此积极性，绝对不会发生行政摊派的质疑。通过几年努力，真正使城区居民和外地游客感受到绿色城市的舒适。

4. 关于既有房屋资源充分利用与宜居改造问题

近几年已经形成的保障房、城郊的小产权房以及历史上既有的老式住宅，目前都是城市的房屋资源，都已经占据着很大的城市空间，但其宜居性却都存在着一定的问题。无论是从解决市场去库存的角度，还是从宜居生活的角度，都必须积极地面对。建议：

（1）保障房要再放宽政策，提高入住率，并解决好配套的环境、交通等问题，尤其是显耀位置的保障房不能再长期空置下去了。

（2）小产权房要创新思维，提出过渡方案与相关政策，倒逼投资者解决宜居的设施与配套问题。

（3）老住宅小区要重新统一规划，提出时间要求，逐步解决屋顶改造、供暖供汽、电梯改造等问题。这些地方多居住着下层的普通群众，而且所占比例较高。宜居生活应该惠及这些群体。

5. 关于护城河的彻底改造问题

近几年西安古城墙与护城河逐步得到了保护与改造，但是其出发点还是没有脱离将护城河作为一条战时的壕沟这样一个思维定式。目前存在的问题：一是代表着古城形象的护城河老百姓近她不得，外宾看她不得，基本上显现不出环城河的韵味。二是护城河至今仍然没有逃脱城市排污、雨天蓄洪的命运。护城河是美丽西安的点睛之处，不能让陈旧的"要保护古城防御壕沟"的概念再拖延美丽西安的治理了。建议：

（1）实施彻底的改造方案（不要像以往修修补补地抬高河床），大幅度抬高河床高度，并降低水深，使人们能亲近水面，荡舟水上。

（2）结合地下管廊建设，将排污系统设在河床之下，雨污分流，保证河流的水质。

宜居城市的建设是城市居民的长远期盼，城市规划的调整与完善又是关键所在。希望政府能够重视并真正支持、关心规划部门的工作，使西安真正成为和谐宜居而又富有活力的城市。

激励先进　重在创新

党的十八届五中全会提出了"创新、协调、绿色、开放、共享"的新发展理念，把创新驱动放在了首位。作为传统产业的建筑业，当前正面临着产能过剩的严峻形势，因此，必须进行科技创新和转型升级。我省一批大中型企业集团深谙此道，他们正在自觉地实践着这条创新发展之路，以适应经济发展的新常态，迈上历史新的台阶。

陕西省土木建筑学会从 2012 年开始，设立了"陕西省土木建筑科技奖"，2013 年进行了首次评选与表彰。在总结经验的基础上，从 2015 年年初开始，经过一年来的基层推荐、现场考评、专家评审，从全省申报参评的工程项目、先进集体、优秀个人中，评选出第二届陕西省土木建筑科技奖获奖工程项目 19 个，科技创新先进集体 1 个，青年科技奖 4 个。现在我们把这些科技工作者们用心血和汗水凝聚成的实实在在的科技成果编辑成册，对于已经辛勤付出过的建设者们来说，它是业绩；对于正在奋力拼搏的创新者来说，它是借鉴；对于有志于科技创新的实践者们来说，它是激励与帮助。

在第二届陕西土木建筑科技奖的获奖项目中，长安大学通过 11 年应用研究，总结出来的《加筋高性能砂浆加固混凝土结构关键技术》成果，在河北公路桥梁、四川地震灾后建筑加固修复以及

（写于 2015 年 6 月，为《陕西省土木建筑科技成果汇编》所做序言，时任陕西省土木建筑学会理事长）

西安旧有房屋改造修复工程中进行应用，取得了可观的经济效益和社会效益。中铁一局集团有限公司依托宜万铁路云雾山隧道和云桂铁路石林隧道工程进行研究，创造出来的超前地质预报施工工艺、光面爆破施工工艺、钢拱架机械辅助安装工艺、机械手湿喷混凝土施工工艺等 15 项先进工艺的综合运用，其成果整体达到国际先进水平。西安建筑科技大学历时 10 余年，探讨《型钢混凝土异形柱结构体系关键技术及其工程应用》课题，创新设计出 3 种配钢形式的型钢混凝土异形柱截面形式以及型钢混凝土异形柱与钢梁、混凝土梁的连接方式。这些项目成果已成功应用于西安、宝鸡、南宁、天津、成都等地的多项工程，取得了显著的经济和社会效益。陕西建工第十一建设集团有限公司在中国航天六院流动与力学环境研究试验厂房工程施工中，综合应用工程量自动计算技术、工程项目管理信息化实施集成应用及基础信息规范分类编码技术、建筑工程资源计划管理技术以及施工中所采用的高耐久性混凝土技术等建筑施工新技术，降低了建设投资工程造价，节约了交付使用后的运营管理成本，延长建筑物的使用寿命，降低维修费用，给使用带来了长期的效益和回报。

　　我们把这些科技创新成果收集汇编有两个目的：一是为了陕西地区土木建筑科技创新成果的共享和传播，促进建筑科技成果的普及和推广应用，以此提高土木建筑科技创新的起点和创新能力；二是向全行业的土木建筑科技工作者昭示榜样的力量，以激发大家科技创新的热情与动力，引领我省建筑业进一步转型升级，为实现陕西"十三五"规划的宏伟目标做出新的贡献。

尊重科学　完善城市规划建设

西安已经被列为国家的中心城市，正在实施建设国际化的大都市的战略，近年来在讨论西咸一体化，拉大城市的骨架问题上关注度较高。笔者认为在秉持新的发展理念的前提下，还应该在城市规划建设上更多地研究人居环境的质量问题，研究与人们切身利益紧密相关的城市建设治理的问题。为此提出以下看法和建议

1. 城市规划建设理念要追求人居环境的高质量与文化建设的高层次

解放思想的第一要义就是实事求是。西安是要朝着国际化大都市目标前行，但也要清醒地认识现有的经济基础，认识自然环境上的差距，不用老拿自己的短处去和别人拼比，也不必人为地设置一些不切实际的宏大目标装潢门面。西安城市的规划建设还是要切实秉持新的发展理念，建设宜居城市、文化城市、高科城市、旅游城市。要将有限的资金和人力投入到有效用的城市建设中，逐步地改变城市的面貌和形象，不一定做到最大，但完全可以做到最好。

2. 要解决城市住宅规划的宜居性问题

如果有一个专题调研：已有住宅小区的原规划容积率与实际建成容积率的对比，肯定会引起我们的许多反思。多年来在各种原因的支配下，城市住宅小区密度过大、容积率过高的现实已经使城市的风环境、生活环境、卫生和交通环境遭到了较大的破坏，给现代城市的品质打上了折扣，这应该引起高层的重视。建议今后住宅小

（写于 2018 年 11 月 15 日，时任西安市政府决策咨询委员）

区包括写字楼等城市建筑的规划还是要充分考虑城市长远的宜居性，考虑"品质西安"的符合性。城区居住密度不能过大，容积率必须严格控制到新的标准以内，配套的公园、绿植必须符合相应的标准。

3. 城区改造要注重营商环境，提升文化品位

西安老城区的改造已有了许多的经验和教训。历史文化名城是要保留和营造出传统文化的气息，但更重要的是要增加文化的内涵，展示汉唐文化博大深邃的内涵，不能让外地的人们只知道西安的名片就是羊肉泡馍和吼秦腔。房子的建造是为其功能服务的，要通过主要街区的改造，营造出闹市氛围，营造出鼎盛的感觉，西安老城区要有几条大街为人们所记忆，让人们所流连。

4. 城市道路改造要尽量减少对出行的影响

城市交通建设通常都会对人们的出行产生影响，但是通过行政干预和市场调节完全可以将影响降到最低。对于道路改造、地下设施改造等工程，政府可以设置工期提前奖励，以激励施工方提高工作效率。要下决心打破特定市政施工企业的行业垄断，引入竞争机制，让更强的施工队伍改变现有的工期拖沓局面，明显地改善老百姓的出行。

5. 注意解决好低收入群体的住房与环境

近几年，已经形成的保障房以及历史上既有的老式住宅，目前都是城市的房屋资源，都已经占据着很大的城市空间，但其宜居性却都存在着一定的问题。无论是从解决市场去库存的角度，还是从宜居生活的角度，都必须积极地面对。保障房要解决好配套的交通、环境优化问题。老住宅小区要统一规划，逐步解决屋顶改造、供暖供汽、电梯改造等问题。这些地方多居住着低收入者和老年群体，城市宜居生活应该惠及这些群体。

6. 建筑装配化要积极稳妥地推进

住房城乡建设部和各地建设部门都对建筑产业的现代化提出了时间表，在西安这块土地，建筑的装配化还是要积极稳妥地推进。建设部门要研究本地市场，要使市场来配置和调节资源。为有效推广建筑装配化，可以在城市更好的地段、更好的环境里开辟试验区，以吸引人们对新的建造方式优越性的认识，逐步扩大建设范围，这可能是有效的途径。

7. 在停车密集区域加快建设立体停车库

城市停车场的建设已经成为众人关注的事情，目前怎么努力，都跟不上社会发展的需要。当前，还是要把有限的资金和精力投放在关键的部位，投放在老百姓最需要、影响社会秩序最严重的地方。建议优先在各大医院、小学、幼儿园周边建设停车场，要制定特殊的政策解决这一问题，早一点解决比矛盾成堆了再解决要好。

城市建设要实施精细化管理

习近平主席在考察城市建设时讲，城市规划和建设要重视历史文化保护，注重人居环境的改善，不急功近利，不大拆大建，更多地采用微改造这种"绣花"的功夫。国家发改委与住房城乡建设部也都对城市建设和精细化管理提出了具体要求。西安城市建设近几年发展迅猛，得到了舆论一致的好评。但是与中央高质量发展的要求及人民群众对幸福生活追求的目标还有不少距离。最近通过对城市建设的调研与思考，我对城市建设精细化管理提出以下的建议：

1. 城市规划要重点解决两个问题：存量建筑的功能改造和新建建筑的密度与环境

习近平总书记讲，规划科学是最大的效益，规划失误是最大的浪费。去年西安城市人均居住面积达到了 37.5 平方米，略高于全国城市的 36.6 平方米，而许多正在建设的住宅小区仍然在合法规划下生产着有碍城市观瞻、密不透风的高层建筑。今后的发展规划要将重心从规模扩张转移到绿色城市、智慧城市、宜居城市的建设上来。新建的公共设施及住宅一定要严格控制建筑密度，在环境绿色与功能提升上多做一些文章。城市规划要更多地关注存量建筑和老旧小区的改造，这里是城市低收入者聚集的地方，重新规划和改造将有利于城市品位的提升，更是不忘初心、惠及大众的民生工程。

2. 绿色建筑要直面建筑垃圾的处理问题

城市环境管理将很多精力投向了对建筑扬尘的治理，这是对

（写于 2019 年 7 月 8 日，时任西安决策咨询委员）

的。但对城市环境影响更大的实际是建筑垃圾的处理。现在我国建筑垃圾的总量已经占到城市固废物总量的 30%～40%，在每万平方米建筑施工中，就会产生建筑废渣 500～600 吨。国家已经在有些城市开展"无废城市"的试点工作。西安是著名的文化旅游城市，应该在建筑环境治理上有所作为。一是政府要制定政策，强化对建筑垃圾再利用的正向激励，对建筑垃圾再生产品的生产、使用企业提供资金补贴、贷款优惠、政府采购方面的支持；二是建立法规，逐步约束施工企业从源头上减少建筑废料的产生，强制性地要求企业将建筑废料二次合理使用到施工中去。

3. 地下管廊及管道要实行统一管理

"马路拉链"是城市建设中很令人头痛的问题，但是由于历史的原因，这一顽疾还在不断地重演。上水、电网、通信、地铁，各自为政，各挖各的，常年不断，老百姓叫苦不迭。建议学习外地做法：将同一空间位置涉及政府投资项目计划统筹至同一年度下达，推动项目同步建设，统一修复，并明确一家工程建设单位为申请主体，自行协商编制施工计划。同时有必要建立"道路反复开挖"追责机制。从长远看，还是要抓紧规划建设好地下管廊，对于城市老区的管廊，可以远期规划，分段实施，并采用 BIM 技术，实行科学的管理，做好这一有利于长久的城市基础建设工作。

4. 老旧小区的改造要分期推进

中央将加快城镇老旧小区改造提到了是重大的民生工程和发展工程的高度。据统计，西安现有老旧小区 1064 个，约 3800 栋住宅楼，体量不小。改造老旧小区，实质上是城市里的扶贫工程，政府可以动用部分住房公共维修基金，发动国有企业积极参与，宣传小区居民共同努力，分期推进，真正实现三年基本解决的目标。首先要解决安全问题，疏通小区和街区的道路，拆除违章建筑，整治电线电网，加固危旧建筑；其次要解决方便生活问题，更新水、电、路、气，加装电梯，增加居住的舒适度；第三是解决环境美化问题，逐步推行垃圾分类，实施旧楼房外观简约统一装饰，有条件的地方尽可能种树绿化，建立小型健身场所。每年设定目标，三年力争完成。

5. 提升秦岭北麓农家乐服务质量

西安及外地游客去秦岭旅游消夏的人越来越多，在解决好秦岭生态保护的同时，也要满足市民和游客的一般消费需求。目前能为群众提供消费服务的主要是农家乐，可以说农家乐的服务水准代表着西安城市的品质。可是现有的农家乐服务质量与人们的需求之间差距太大，卫生、环境、接待能力都存在着太多的问题。建议有关部门加大对这一部位的综合治理，提出相应的环境与服务标准，加强随机的检查，同时也给予适当的资金支持和信息引导，在优化旅游环境的同时也能造福一方百姓。

6. 城市基础设施管理要符合人性化的原则，符合新时代的要求

西安作为国际化大都市，人口增加很快，聚集在主城区的也越来越多，基础设施建设与管理就要跟上时代发展的步伐。首先是方便人们出行，在地铁加快建设的同时，要更多地增加地下通道和人行天桥的数量，以方便交通的分流和行人安全。其次是强化城市水、电、气、网的科学立法管理，在确有故障需要维修时，必须提前安民告示，有准确的工期要求，不能随意、随即大面积的停水、停气、停电、停网，造成市民的恐慌，对无序施工导致网、线、管损坏者，要承担相应的经济或法律责任。

以上建议供领导参考。

依靠科技人员　推动科技创新与城镇化建设

我于 2012 年 3 月，通过陕西省土木建筑学会第十届会员代表大会，当选为学会第十届理事会理事长。现将担任理事长期间的工作情况报告于下。

四年来，学会十届理事会在陕西省科协的领导下，在陕西建工集团的鼎力支持下，坚持以党的十八大精神为指针，按照中国科协对学会工作"三服务、一加强"的定位，紧紧围绕新常态下陕西社会经济建设和建筑业改革发展的需要开展各项活动，促进了学会服务能力的不断提升。2012—2015 学会连续四年被省科协评为"四星级学会"；2013 年，被中国科协和陕西省科协授予"陕西省示范学会"称号，并首次荣获"全国科协系统先进集体"称号；2014年 7 月，省人力资源和社会保障厅、省科协授予学会"全省科协系统先进集体"称号。这些成绩的取得，是与上级的精心指导和全体会员同心同德的共同努力密不可分的。下面我把四年来的工作分为五个专题进行汇报：

一、开展学术交流，推动陕西建筑科技进步

1. 开展"科技引领创新城市"主题研讨活动，以科技支撑我省新型城镇化建设

为了更好地贯彻落实省委、省政府"坚持以人为核心的原则，努力提高新型城镇化发展质量"的要求，充分发挥科学技术在新型

（2016 年 4 月，学会年度工作报告时任陕西省土木建筑学会理事长）

城镇化建设中的支撑和引领作用，依靠科技创新和智力资源，推进陕西地区的新型城镇化进程，2014年10月，学会和长安大学承办了由陕西省科协主办的2014年度"学术金秋"重点活动之一"科技支撑新型城镇化建设学术研讨会"。学术研讨会邀请中国工程院院士、北京大学学术委员会副主任李京文、陕西省住房和城乡建设厅巡视员张文亮作主旨报告。我和另外5名专家在会上作了《陕西小城镇建设中的资源配置与人居环境》等6篇学术报告。来自全省各学会、研究会、各设计研究院所的科研设计人员和各高校师生300余人出席了研讨会。这次学术活动共收集论文72篇，由学会和长安大学联合编辑出版了《科技支撑新型城镇化建设学术研讨论文集》一书，作为大会学术交流文集。并把学术交流研讨中涌现的、具有真知灼见的观点，经大会学术委员会汇总整理，以《科技支撑新型城镇化建设发展建议》，提供给省有关部门作为决策参考。

2. 开展建筑产业现代化研究，推动我省建筑产业转型升级

四年来，学会始终把推动全省建筑产业转型升级作为开展学术交流的重点之一，连续开展多项活动。2013年3月，以大华纱厂厂房改造项目为样板，学会与陕西建工集团总公司科技委员会联合主办了"建筑垃圾资源化利用技术交流及现场观摩会"。2014年3月，学会举办了"推进住宅建筑产业化学术研讨会"。万科企业股份有限公司总工程师赵汉昌、西安建筑科技大学副校长郝际平、西安建工集团总工程师张家华等专家在研讨会上分别做学术报告。我在研讨会上做了题为《建筑产业现代化与生产方式的转变》的总结讲话。总结讲话中归纳三点意见：一是研讨使大家共同认识到建筑产业化可以有效解决发展中的环境问题，可以节约大量的劳动力，可以提高产品质量和施工效率；二是建筑产业化所需要的行业规范和标准一部分已经出台，为了产业化进一步发展，还应加快制定全覆盖的标准，制定推进的优惠政策；三是在建筑产业现代化进程中，企业尤其是大型集团企业要加快转型，发挥好主体作用。要建立战略联盟，设计、施工、科研要形成产学研相结合的科技创新共同体。

3. 开展对建筑节能、环境保护的学术研究，推动我省绿色建筑与绿色施工的发展

在我的倡导和组织下，开展了三项学术活动：2012年5月，学会在陕西省科技资源统筹中心举办"陕西省绿色建筑与节能减排学术研讨会"。2013年11月下旬，学会与陕西古建园林建设有限公司共同举办了中山图书馆旧址修缮工程观摩研讨会。12月，学会根据中国科协办公厅《关于举办2013年中国科协会员日活动的通知》精神和省科协要求，举办了"中国科协会员日暨绿色施工技术现场交流会"。

为了更加系统而全面地指导实施建筑工程施工现场精细化管理，保障施工现场绿色施工的规范运作，达到"资源节约、环境友好、过程安全、品质保证"的建造目标，促进建筑业绿色、持续发展，学会依托支撑单位陕西建工集团总公司，从2014年初开始，组织相关工程技术人员深入基层、深入重点工程施工现场进行实地调研、总结经验；2015年1～2季度学会和集团总公司组织人力，在总结经验和调查研究的基础上，编写了《建筑工程绿色施工指南》。该书内容既体现了工程建设领域法律法规、标准规范的最新要求，又统一了施工现场绿色施工的一般方法。指南力求图文并茂、简洁明了、通俗易懂。该书由陕西科技出版社出版发行。

4. 开展对陕西地区经典现代建筑的保护与利用研究，推动我省建筑业在传承中创新发展

为了系统地总结和研究陕西地区在建国初期兴建的一批经典现代建筑，并在我省新型城镇化建设中积极加以保护利用和传承发展，陕西省土木建筑学会、中国建筑西北设计研究院有限公司、陕西建工集团于 2014 年 12 月，在西安举办了"建国初期陕西现代建筑研究与保护学术研讨会"。特邀西安市原副市长张富春、中建西北院总建筑师赵元超等 6 位专家，在会上分别作了《弘扬陕西优秀现代建筑文化，促进特色城市建设》等学术报告。在此基础上，学会又于 2015 年 12 月与中建西北院、陕西建工集团、省建筑设计研究院等单位再次联合开展了"20 世纪 60～90 年代陕西经典建筑学术研讨活动"。我们把这两次学术活动中征集到的 500 余幅图片制作成展板，分别到高校、设计院和建筑施工单位巡回展出；并把征集到的文稿编辑成册出版发行；同时，形成《关于保护陕西优秀历史文化建筑的建议书》，提供给省、市政府有关部门作为决策参考。

为了弘扬老一代建筑师呕心沥血、传承与创新的探索精神，倡导他们勇于创新、科学严谨的工作作风，学会决定表彰在这个时期为陕西建筑设计做出了突出贡献、有一定代表性的建筑师。授予了中国工程院院士、中国建筑西北设计研究院总建筑师张锦秋大师"终身成就奖"。授予陕西省建筑设计研究院有限公司顾宝和等 10 名老科技工作者"陕西杰出建筑师"称号。

二、围绕中心，开展形式多样的科普活动

1. 认真开展"科技之春"和"学术金秋"活动，全面完成省科协部署的各项工作

学会根据省委、省政府两办和省科协关于开展每年一度的"科技之春"宣传月活动的安排，本着"对象化、接地气、暖民心、重心下移、服务基层"的原则，四年来，学会共开展了 16 次大型科普教育活动。首先，是与振威展览公司合作，坚持举办一年一度的中国（西安）国际供热采暖与建筑环境技术设备展览会，从 2012～2015 年共举办了四届（第 15～18 届）。每届展览会都是在曲江国际会展中心举办，其布展面积都在 2 万平方米以上。每届展览会均

有来自数十个国家和地区的数百家能源设备生产企业的新技术、新材料、新工艺和新产品展出。同时在展览会现场举办多场相关学术报告会，对我国西部地区建筑供热采暖与建筑环境技术产生广泛而深远影响。

2. 积极开展继续教育和业务培训，提高科技人员素质

2012～2015 年 4 年间，学会利用专业人才集中的优势，举办各种专业培训班 51 期，总计有 1700 余名土木建筑科技工作者参加培训。其中，如《建筑基坑支护技术规程》宣贯及深基坑支护工程设计与岩土工程热点问题培训班、科学技术奖励申报工作培训班、《建筑抗震设计规范》培训班、《2013 版建设工程施工合同》宣贯培训班、建筑工程减震、隔震与振动控制技术研讨班、建筑业 BIM 技术应用培训班、《建筑工程施工质量验收统一标准》宣贯培训班、2015 年建材专业委员会举办的"砂加气混凝土砌块及板材性能设计及施工应用技术培训班"、国家标准《混凝土结构工程施工质量验收规范》宣贯暨 PKPM 新规范软件升级培训班、《预拌混凝土绿色生产及管理技术规程》新标准培训班等，对于我省建筑业工程技术人员的继续教育和国家行业新标准的顺利实施发挥了不可替代的作用。

3. 积极组织专家开展技术咨询服务

近年来，学会组织有关专家对重点工程开展技术咨询。例如，陕西蒲城 $3 \times 84000 Nm^3/h$ 空分装置项目的压缩机基础模板施工方案专项专家论证，为重点工程的顺利进行起了保证作用。给排水专业委员会充分利用人才集中的优势，按照国家新颁布的《生活饮用水卫生标准》对全省水源水质、集中供水系统水源污染情况、处理系统净水效率、管网污染以及二次供水污染等潜在问题进行调查、评价与分析。在此基础上，组织专家组，对此提出我省集中供水系统提标改造方案，为政府决策管理建设提供了支持。建筑师分会于

2014年5～7月邀请5位建筑师组成专家组对国机集团西部研发中心设计方案进行征集、评审、论证活动；工程勘察专业委员会在2014年充分利用协会与挂靠单位西北综合勘察设计研究院的综合技术优势，开展对会员单位技术咨询工作，参与地基方案论证二十余次。对复杂设计项目，组成岩土和建筑设计专家组进行地基方案论证，并深入工地与建设单位共同协商，优选经济可行、安全可靠的设计方案，不仅解决了技术难题，也为建设方节省了大量资金。

4. 开展陕西高校土建专业优秀毕业设计评选工作

为了促进我省土木建筑科技人才的成长，促进我省高校土木建筑专业教学质量的提高，自1995年以来，陕西省土木建筑学会已连续21年举办陕西高校建筑学、结构工程、给排水、暖通空调等专业优秀毕业设计评选活动。21年来，学会努力打造具有鲜明特色和深远影响的陕西高校土建专业优秀毕业设计评选品牌活动，并推动其不断延伸，促进了教学、科研与工程建设实践的结合，其社会影响不断扩大。2012～2015年，学会共收到本省11所高校土木建筑专业应届毕业生优秀毕业设计参评方案238项，共评选出一等奖24项，二等奖44项，三等奖63项。

三、加强工作调研，积极开展对外交流活动

1. 办好中西部七省区学术年会

学会与我国中西部七省区土木建筑学会开展了广泛的学术交流活动。2012年9月，由学会主办的第二届中国中西部地区土木建筑学术年会在西安召开。本届学术年会以"文明施工——工程建设永恒的主题"为研讨课题，学会将本届学术年会上发表的优秀论文65篇编辑成《文明工地建设理论与实践》论文集，由陕西科学技术出版社出版发行。2013年和2014年的中西部地区土木建筑学术年会分别编辑出版了《超高层建筑设计与施工》和《建筑科技·节

能与质量创新》两部论文集，在西部 7 省区发行。这两届学术年会，陕西学会共有 27 篇论文入选优秀论文。

2015 年 8 月，七省（区）第五届中国中西部地区土木建筑学术年会在新疆召开。年会以"新常态下的绿色建筑"为主题，从绿色建筑设计、施工技术创新、建筑节能等专题进行交流。本届学术年会陕西省获奖优秀论文 8 篇，编辑成《新常态下绿色建筑发展理论与实践》论文集，由中国矿业大学出版社出版发行。

2. 与日本专家进行学术交流

2012 年 4 月，在深入开展我省第 20 届"科技之春"宣传月活动中，学会邀请日本建筑环境学资深专家高木史人先生，进行了一场学术交流。高木先生一生致力于人居环境理论研究与实践，积累了相当丰厚的经验。在学术交流会上，高木先生与参加会议的工程技术人员集中交流了两个问题：一个是建筑节能与人居环境问题；另一个是建筑科研所在建筑集团企业中所起的作用问题。特别是科研所在建筑集团中所起作用问题对我省建筑业有积极借鉴作用。

3. 举办城市地下基础设施建设与非开挖技术国际学术报告会

为了更快地推动陕西省地下基础设施建设，学会与西安交通大学合作，于 2015 年 9 月举办了城市地下基础设施建设与非开挖技术国际学术报告会，邀请国内外知名专家进行主题演讲。该学术报告会的主讲专家是：美国路易斯安那理工大学教授、美国国家非开挖技术研究中心主任汤姆·艾斯利（Tom Iseley）博士、新加坡 ARCHIDS 国际管理有限公司项目董事孙岷民博士和中国工程院院士、总参工程兵第四设计研究院研究员、西安交通大学周丰峻教授。他们学术报告的题目分别是《地下基础设施：最小生命周期成本法》《通过工程实例分析探讨中国地下管道工程技术在国际工程中的应用和发展》和《锦屏深地下洞室和大跨度隧道工程技术发展》。

4. 开展新型城镇化建设调研活动

按照省政府关于我省城镇化建设的部署，我参加了省上组织的针对我省小城镇建设中的资源利用及人居环境问题的专题调研，实地考察了西安、杨凌、咸阳、榆林、汉中、渭南、安康等地的 18 个镇。经过充分地分析研究，总结了我省小城镇建设取得的阶段性成果；找出了存在问题；有针对性地提出了推动我省新型城镇化建设的几点建议，并在 2014 年 10 月召开的科技支撑新型城镇化建设学术研讨会上，做了题为《陕西小城镇建设中的资源配置与人居环境》的学术交流。

四、设立"陕西省土木建筑科技奖"，激发土木建筑科技创新发展动力

为了推动我省土木建筑领域科技进步，激发广大土木建筑科技工作者创新发展动力，促进科学技术成果向生产力的转化，在我的倡导与组织下，学会于 2012～2013 年，在反复调研的基础上，制定了《陕西省土木建筑科学技术奖励办法》，并于 2013 年初，经陕西省科学技术厅批准，设立了"陕西省土木建筑科学技术奖"。成立了由我担任主任委员；中国工程院院士刘加平等 2 人为副主任委员；西安建筑科技大学校长苏三庆等陕西建筑界顶级学术专家 7 人为委员的评选奖励委员会。

为了提高各建筑施工企业、高校和科研院所申报"陕西省土木建筑科技奖"等各级科学技术奖励的资料整理质量，学会于 2013 年 8 月举办了一期科学技术奖励申报工作培训班。培训班邀请机械工业部勘察设计研究院院长张炜、西安建筑科技大学教授金鹏康、中铁一局技术研发中心总经理李昌宁、陕西省建筑科学研究院总工办主任戴军、陕西建工集团科技质量部部长时炜五位专家授课。

学会十届五次常务理事会暨学会科技奖励委员会工作会议通过

了首届（2012～2013 年度）陕西省土木建筑学会科技奖获奖项目 16 个，其中评选出《黄土地层和全断面砂层盾构隧道及深基坑施工关键技术研究》等 4 项科学技术成果为一等奖；《西安咸阳国际机场 T3A 航站楼及高架桥工程新技术应用》等 6 项科学技术成果为二等奖；《一种落地置换式送风装置》等 6 项科学技术成果为优秀奖；陕西省建筑科学研究院等 6 个单位为科技创新集体；王步等 9 位同志为青年科技奖。为了促进陕西地区土木建筑科技创新成果的共享、传播和普及应用，学会组织专家编辑组，将首届科学技术奖获奖项目的全部资料汇编成册，《首届陕西省土木建筑科学技术奖获奖成果汇编》一书，2014 年 6 月由陕西科学技术出版社出版发行。

2014 年 6 月 20 日在西安召开了首届陕西省土木建筑科学技术奖成果发布暨表彰大会。陕西省科技厅、建设厅、省科协等单位有关领导和专家出席了表彰大会。大会向荣获首届土木建筑科技奖的工程项目、科技创新先进集体和青年科技奖获得者颁发了奖状和奖金。《陕西建筑报》《陕西科技报》《中国建设报》陕西省科协学会学术部《学会工作动态》对表彰大会作了报道。

2015 年初，学会向会员单位及科研设计、企业集团和高校发出了开展第二届"陕西省土木建筑学会科学技术奖"申报参评工作的通知，已有中铁一局等 11 个单位的 29 个工程项目、两个科技创新先进集体和 6 个青年科技奖先进个人申报参评。经过评审专家组三轮公开、公平、公正的严格评审，从全省申报参评的工程项目、先进集体、优秀个人中，评选出第二届陕西省土木建筑科技奖获奖工程项目 20 个，科技创新先进集体 1 个，青年科技奖 4 个。

五、切实加强自身建设，提升学会服务能力

1. 严格按照学会《章程》要求，为分支机构和会员服务

2013 年以来，学会修订了《陕西省土木建筑学会分支机构管

理规定》和《陕西省土木建筑学会专业委员会组织条例》等规章制度，33 个分支机构根据《章程》按时召开会员代表大会，按时换届选举；并敦促活动开展较少的专业委员会积极开展活动。

在分支机构换届选举中，特别强调了各专业委员会在新一届委员会组成上，要注重选拔优秀青年科技工作者，并注重老中青三结合，约各占三分之一比例。从目前已完成换届选举的专业委员会人员组成来看，基本符合这一要求。

学会为每个会员建立了包括学历、经历、专业职称、主要学术成就和多种联系方式在内的档案专页；并把社会需求量大的专家名录放在网站上供需求方联系索引。

2. 学会办事机构职业化与工作人员的专职化

学会十届理事会下设学术工作委员会、组织工作委员会、科普工作委员会、咨询工作委员会、住宅与房地产工作委员会和青年工作委员会 6 个工作委员会以及秘书处、办公室、财务部等办事机构。并设有专职工作人员 6 人：理事长、秘书长、财务管理人员等全部是正式职工。

2014 年 2 月，学会按照省委组织部、省监察厅和省民政厅联合发布的《关于清理规范党政机关领导干部兼任社会团体领导职务的通知》精神，在组织相关人员学习文件精神的基础上，接受了三位副理事长的辞职，但仍保留其常务理事。

3. 积极吸纳新会员，重视组织发展工作

与 2012 年初相比较，四年来，学会发展单位会员 11 个，个人会员 364 人。截至目前，学会共有单位会员 69 个，个人会员 2949 人。新增会员中，中青年科技人员占比为 63%。

4. 办好科普刊物及学会网站建设

四年来，学会共编辑出版《文明工地建设理论与实践》《陕西省土木建筑科技奖成果汇编》《科技支撑新型城镇化建设》《建筑工程绿色施工指南》等论文集七部；编辑出版《陕西建筑》月刊 48 期；《建筑科普动态》（季刊）15 期。并把交流面扩大到全国各省市、自治区。为了把学会网站办得更好，2014 年 7 月，学会与陕西文径网络投资有限公司通过协商，修订了合作协议，重新规定了甲乙双方的权利义务，网站及时发布学术活动、科普信息和学会工作，网站的浏览量日益增加，受众面不断扩大。据统计，截止到 2015 年底，学会网站年访问量已接近 20 万次。

5. 做好设计院人员配置及改制基础工作

陕西省土木建筑设计研究院是学会自营经济实体。该设计院自成立以来，一直担负着为学会筹集学术活动经费的任务，经营目标比较单一，随着建筑市场的发展变化，它越来越不适应新常态下社会经济发展的需要，为此，学会决定对它实行股份制改造。其基本改革方向是：陕西省土木建筑学会处于控股地位，陕西古建园林公司参股，设立古建园林设计所；职工个人按照在生产经营中所承担的责任不同，并在本人自愿的基础上，按一定比例入股。同时，积极着手人才引进和培养工作，力争在 2016 年内，将设计院的资质从乙级提升为甲级。

全面看待建筑产业的现代化

一、基本概念与发展走向

（1）所谓建筑产业现代化，是指利用标准化设计、工厂化生产、装配式施工、信息化管理等手段来建造建筑的现代化的生产方式。也有提"建筑工厂化、建筑工业化"，建设部提的是"住宅建筑产业化"。中国建筑业协会的提法是"传统建筑产业的现代化"。

（2）建筑产业现代化是建筑业生产方式的重大转变，是传统产业向新型产业发展的重大转变，也是我省建筑业共同关心的重要课题。在全国各地都在积极探索和推进这一转变时，陕西怎么办？西安怎么办？如何从实际出发，将新型城镇化建设、生态文明建设与建筑行业生产方式的转变更好地结合。今天希望就这一问题展开学术性的深入讨论，以推动我省建筑产业现代化的发展。

二、建筑产业化的意义

1. 绿色环保的要求

住房城乡建设部在《绿色建筑行动方案》中提出：推广适合工业化生产的预制装配式混凝土、钢结构等建筑体系，加快发展建设工程的预制和装配技术，提高建筑工业化技术集成水平，是建筑业产业化的发展目标和方向。

（写于 2014 年 3 月，在陕西建筑学术会议上的报告，时任陕西省土木建筑学会理事长）

许多专家认为，传统建筑导致的能耗比例加大（接近 50%），导致许多城市雾霾悬浮物增多，已经到了非治理不可的阶段。万科集团的统计，"如果用 45% 的预制化率施工一个项目，工地扬尘将比传统施工减少 60% 以上"。建筑环境的改善与节能效果的提升，是显著的正相关关系。

2. 节约人工，降低劳动成本的要求

人口红利消失和劳动力成为稀缺资源的现实，迫使建筑业必须实现产业化、工厂化、集约化生产，由此预计可节约人工 50% 以上。

3. 有利于保证工程质量和使用寿命，关系着老百姓的切身利益

标准化的施工，可以提升产品的性能和品质。在建筑全寿命周期管理中提高使用效能和降低总的成本。

4. 有利于建筑生产方式转变和企业的转型升级

改善现场的施工环境和条件，缩短工期，有利于科学管理；促进企业的技术进步和集约经营，有利于企业的转型升级。

三、建筑产业化在我国的发展历史

我国在学习苏联建筑技术时，就提出过工厂化生产的问题。也做过规模较小的试点。20 世纪七八十年代，开始在全国推广装配式建筑的施工，一大批住宅大板楼工程被开发了出来，施工效率大大提高。但是，由于建筑物的保温问题、抗震问题、居住的适用性等等问题，使得工厂装配化的生产逐渐冷却并最终止步。

1999 年，国务院曾以推进住宅产业化为题发文，从规划到节地、节水、节材，包括集约化、工厂化都做了详尽的规定。

近年来，技术和市场环境变化为其发展提供了必要的条件：一是劳动力成本促进需求的产生；二是国家制造业能力大幅提升，新材料、新设备、新工艺的不断涌现，为建筑业产业化提供了广阔前

景；三是绿色施工与绿色建筑的要求。在住房城乡建设部推动下，各地都开始积极地推进和实践。

四、国外建筑产业化的基本情况

在发达国家，建筑产业化的比例已经达到 60％ 以上，日本的比例更高。就日本的建筑产业化情况来说，已经形成了预制墙板现浇框架结构、单元预制装配模式等多种企业工法和设计标准。

五、建筑产业化目前遇到的主要问题

一是社会的认知度不高，没有形成一定的市场（不到 1％），现在还主要是依靠地方政府在用行政手段推进。二是缺乏统一的规划和建筑标准。三是目前建造总成本较高，企业参与积极性尚未调动起来。四是建筑管理体制相对滞后，未形成市场的产业链条。五是缺乏相应的政策支持。

六、建筑工厂化的市场适用性问题

1. 市场决定建筑产业化的发展

市场在资源配置中起决定性作用，在推进建筑产业化中仍然起决定性的作用。建筑产业化既是一种新的生产方式，也是一种新的消费方式，是逐步为市场所接受的消费方式，是需要引导的消费方式。对新型建筑的使用和消费需求是社会生态环境优化的大需求，是施工企业转型升级的长远需求，已经到了加快推进的阶段。

2. 从近期看主要表现在住宅的工厂化与装配化

首先，起步阶段可以定位在住宅工程，如保障房和普通民居建筑。其次，与国家实施保障房建设的机遇期相吻合。例如，沈阳市和万科集团小户型的实践；西安建工集团加工工厂也正在建设中。

3. 从远期看工厂化可以覆盖到各类建筑

根据国外的经验，建筑工厂化加工可以覆盖到各类建筑，尤其是公共建筑和工厂建筑，钢结构、轻钢结构等，一切适合工厂化加工且能降低成本的部品和构件都可实现装配化施工。建筑部品的生产完全可以做到多元化。所有能够节约成本、提高效率、减少污染的建筑部品尽可能都在工厂加工，规模化生产可以大大地扩展市场的需求（中国提出抗震要求前后的建筑结构变化、构件厂的消失历史）。

七、推动建筑产业化需要好的市场环境和政策支持

1. 要有政府政策的支持

启动市场需求方面的政策：保障房建设中的价格补贴优惠政策，土地使用方面的优惠政策，环境保护税收优惠政策，开发贷款优惠政策，鼓励消费者购买的优惠政策等。

2. 要尽快出台国家标准和地方的规范、标准

建筑标准：一是着眼点不仅在住宅工程上。二是要涵盖设计、主体施工、装饰、设备全产业链的装配建筑标准。

3. 要有绿色建筑环境方面刚性的约束，用环保法规与标准倒逼产业升级

像城市限制现场搅拌混凝土一样限制在某一个城区范围现浇混凝土。

4. 要加快建筑业管理体制改革，提高企业的工程总承包能力

中国建筑产业化主要不是技术问题，而是体制问题，因此生产方式变革实际上是体制和制度要变革。

八、大型企业要成为推动建筑产业化的市场主体

1. 要顺应历史发展，加快企业的转型升级

推进建筑产业化，企业是市场主体，大型企业要承担起社会责

任。改造传统产业，提升企业未来的核心竞争能力。要扩大工程总承包的内涵，实施新时期的集约经营。

2. 统筹安排，降低产业化的开发的成本

逐步投入，循序渐进。从环境和企业的实际出发，统筹安排，调整好部品的加工比例，优化施工成本（开始可以应用外墙板、叠合楼板等部分部品加工）。推行设计、加工、施工一体化的工程总承包，最大限度地降低生产成本，提升综合效益。

3. 开发先进工法，提升企业集成技术

企业工法是建筑产业化的生产力基础，要形成从加工到现场施工、装配的成套集成技术，形成企业的核心竞争能力。

九、建筑产业化应遵循经济规律，循序渐进地发展

（1）要积极学习世界先进的生产方式，迎接新一轮的建筑生产方式的转变和改革。

（2）要认真总结我国建筑历史上工厂化的经验和教训。

（3）要对历史负责，注重生态文明；以人为本，在产品上体现长远的商业与使用价值。

（4）要从实际出发，逐步投入，降低产业化的建造成本。

（5）要遵循市场规律，既要有足够的决心和魄力，又要循序渐进，做长期不懈的努力。

党的十八届三中全会和新型城镇化规划都对建筑业在新的历史时期优化升级提出了明确的要求。俞正声同志在政协协商会议上讲，要按照转变经济增长方式、调整优化产业结构的要求，制订和完善推进建筑产业化的相关政策法规，积极抓好落实。让我们共同努力，深化改革，推动我省建筑产业现代化的发展，为建设美丽陕西做出新的贡献。

完善劳保统筹　促进企业发展

我省实行建安工程劳保费统筹管理以来，对推动国有建筑企业减负解困、发展壮大和维护社会稳定发挥了重要作用。新常态下，推进我省建筑业转型升级、做大做强，迫切需要对 1993 年颁发的《陕西省建筑业劳动保险费用行业统筹管理办法》进行修订完善。

一、建安工程劳保费统筹管理对国有建筑企业改革发展发挥了重要作用

1993 年，根据国家对建安工程劳保费用管理的政策规定，省政府下发了《陕西省建筑业劳动保险费用统筹管理办法》，保证了建筑企业离退休人员的基本生活稳定和职工参加基本养老保险的资金来源。截至 2014 年底，全省累计收缴建筑业劳保费 259 亿元，返还建筑企业 127 亿元，其中陕建集团 25 亿元，保障了企业 17 万退休人员和 2000 多名离休老干部离退休费的按时足额发放，目前仍有 599 名离休干部通过建安工程劳保费统筹予以保障；补助国有困难企业 11.9 亿元，解决了企业拖欠社保缴费、20 世纪 60 年代精简人员生活补助、职工死亡丧葬费及供养直系亲属的抚恤费等改制过程中的历史遗留问题；每年为 30 万建筑企业职工提供了缴纳社保的资金保障。

（写于 2015 年 12 月 9 日，李里丁（执笔）、王毅红，完善我省建安工程劳保费用统筹管理促进建筑业改革发展的建议，时任陕西省政府参事）

二、建安工程劳保费是列支工程造价的专项规费，在当前过渡期继续实行统筹管理有利于企业和社会的稳定

住房城乡建设部、财政部联合印发的《关于建筑安装工程费用项目组成的通知》（建标〔2013〕44 号）明确：劳保费用在建安工程造价中专项列支，是建安工程建设交易时建设单位必须向施工企业支付的专项费用，不得作为竞争性费用，是施工企业为职工缴纳基本养老保险的唯一资金来源，不存在额外向建设单位收取费用、增加建设单位负担的问题。目前，建筑产品尚处由定额预算管理向合同造价管理的过渡时期，特别是在建筑市场秩序不规范，诚信体系尚未建立，建设方处于非常态的强势地位的情况下，实行劳保费统筹管理，既可以有效防止建设单位将建筑施工企业在工程造价中按照规定应得的劳保费随意扣减，公正地维护建筑施工企业的合法权益，解决企业之间养老缴费负担畸轻畸重的矛盾，又有利于减轻国有企业的历史负担，维护社会的稳定。

三、完善建安工程劳保费统筹管理制度，是推进建筑业转型升级、维护广大务工人员切身利益的重要保障

2014 年，全省建筑业实现增加值占全省 GDP 的 9.3%，连续 5 年保持在全省 GDP 总量的 8.5% 以上；上缴利税总额 285.1 亿元，占地方财政收入 15.1%；建筑业从业人员达 136.16 万人，其中建筑业进城务工人员占 80% 左右，成为全省经济社会发展中的重要支柱产业和富民产业。但就全国来看，我省建筑业仍处第二梯队，竞争力不强、综合实力依然薄弱。这其中一个重要原因就是建筑工人的职业化与产业化没有形成，队伍相当不稳定。在当前经济下行压力继续加大的形势下，要发展壮大建筑业，推进国有建筑企业混合所有改革，亟须完善建安工程劳保费统筹制度等一系列配套

措施，以有力的政策继续支持我省建筑企业做大做强。完善我省建安工程劳保费用统筹管理，就能保障百万建筑业从业人员参加基本养老保险的资金来源、维护社会大局的稳定；就能保障广大建筑业进城务工人员享受到与其他产业工人在教育、培训、社保等方面同等的待遇，从根本上解决精准扶贫的问题，也能较快地壮大建筑产业工人队伍，支持我省建筑业的转型升级。

　　为此，建议由省政府法制办牵头，加快修订我省 93 出台的《陕西省建筑业劳动保险费用统筹管理办法》，并以省政府令的形式发布实施。

　　以上建议妥否，请省长批示。

加强市场引导　催促生产方式转变

建筑产业现代化是建筑业生产方式的重大转变，是传统产业向新型产业发展的重大转变，也是我省建筑业共同关心的重要课题。在全国各地都在积极探索和推进这一转变时，陕西地区如何从实际出发，将新型城镇化建设、生态文明建设与建筑行业生产方式的转变更好地结合，走出一条适合本地特色的建筑产业现代化的道路，是我省建筑行业需要研究的一个问题。

一、建筑产业现代化的现实意义与存在的问题

推广适合工业化生产的预制装配式混凝土、钢结构等建筑体系，加快发展建设工程的预制和装配技术，提高建筑工业化技术集成水平，可以从根本上提升建筑产品的性能和品质；可以大大地减少工地扬尘和城市污染，改善建筑环境；可以减少现场用工，降低人工成本，明显提高施工效率。虽然这一先进的施工方式在国际上比较普遍，但在我国却存在着一些现实的问题：

一是社会的认知度不高，没有形成一定的市场（全国不到1%）。陕西省在 20 世纪 80 年代有几个公司都先后进行了一个阶段的生产试验，个别企业的大板生产和施工还形成了一定的规模，但是，由于建筑物的保温问题、抗震问题、居住的适用性等等问题使其逐步失去了市场。

二是缺乏推进这种生产方式的条件和法规约束。建筑方式的现

（写于 2014 年 7 月 3 日，时任陕西省政府参事）

代化是一个较长的产业链的改革，它不是一个企业独立就可以完成的，需要有规划、设计、施工各方联合行动，需要有建筑法规的硬性约束去支持，目前这种刚性的要求和约束基本上没有。

三是新的生产方式初期投入较大，成本较高，缺乏相应的政策鼓励和支持。随着建筑产品品质提升、建筑物的生命周期延长的同时，建筑产品的成本自然会提高，而且在生产的初期表现比较明显。这就需要有政府政策上的支持，其实这也是推进新型城镇化和绿色建筑所应付出的代价。

二、推进我省建筑产业现代化的几条建议

结合我省的实际，提出以下建议，供政府领导和有关部门参考。

1. 启动需求，引导新的消费市场

建筑产业现代化既是一种新的生产方式，也是一种新的消费方式，是逐步为市场所接受的消费方式，也是需要引导的消费方式。像沈阳那样由政府大规模地去推动虽然也有一定的弊端，但是单靠企业去闯市场肯定是做不起来。建议政府利用目前保障房建设的机遇，将规划、设计、施工结合起来，指定试点区域和业主，在这些一般的小户型建筑上应用新的施工方式，容易启动，也能起到示范的作用，逐步引导城镇的住房消费向环保和绿色发展。

2. 发挥优势，突出地方建筑特色

地区发展都有自己的实际，陕西不一定要走外省单纯住宅产业化的路子。根据国外的经验，建筑工厂化加工可以覆盖到各类建筑，尤其是公共建筑和工厂建筑，钢结构、轻钢结构等，一切适合工厂化加工且能降低成本的部品和构件都可实现装配化施工。建筑部品的生产完全可以做到多元化。所有能够节约成本、提高效率、减少污染的建筑部品尽可能都在工厂加工，规模化生产也可以大大

地扩展市场的需求。陕西是科技大省，又是新型城镇化建设的主战场，应调动大学、企业、科研机构的积极性，共同推动这一工作，逐步走出一条符合自身实际、建筑科技含量高的路子。

3. 出台政策，扶持大型企业转型升级

虽然说企业是建筑产业现代化的市场主体，但是由于初期投入过大，建筑成本较高又使许多企业为之却步。建议政府在新的生产方式推行初期，要有相关政策的支持。例如，保障房建设中的价格补贴优惠政策，环境保护税收优惠政策，开发贷款优惠政策，鼓励消费者购买的优惠政策等。同时为了支持本省大型企业承担起市场主体责任和相关的社会义务，在土地政策上可以予以一定的优惠，扶持企业建设现代化的产业园区。

4. 建立法规，实现绿色建筑的刚性约束

推动建筑产业现代化，必须要有绿色建筑环境方面刚性的约束，用环保标准倒逼产业升级。当年我省在文明工地建设中强制性的要求就大大地促进了地区工程建设质量和科学文明的现场管理；在西安市二环内强制性不准现场搅拌混凝土，就解决了商品混凝土产品的有序规模发展的问题。同样，推进建筑生产方式的转变，也需要在制度上建立刚性的约束，建议在大中城市一定的范围或对环境有明显要求的环境区域，规定必须实行装配式的现场施工，以绿色施工、优化建筑环境的硬约束，为建筑产业现代化的快速推进铺平道路。

5. 支持企业，形成工程总承包的产业链

要加快建筑业管理体制改革，提高企业的工程总承包能力。我国建筑产业现代化在很大程度上不是技术问题，是体制问题。因此政府有关部门也要在建筑业管理体制上实行变革，下决心推动工程总承包的管理模式，推动设计、施工、工厂加工的一体化，为大型建筑企业注入活力，为建筑产业现代化创造宽松的环境。

　　陕西推进建筑产业的现代化有着得天独厚的条件，一是部分企业有过工厂化加工和装配式施工的经验，也有过历史上可以汲取的教训；二是建筑力量比较雄厚，大型企业有着较高的探索与实践的积极性；三是建筑科技研发能力较强，可以在建筑材料、施工工法等方面有更多的创新。因此陕西建筑产业现代化完全可以走出一条具有自身特色的发展道路。

　　以上建议供领导参考。

创造条件　支持建筑企业做大做强

近日，笔者和陕建集团有关部门对部分外省建筑市场的管理进行了一些调研，结合我省建筑市场的管理和建筑企业的发展，有一些思考和建议，现提供省厅领导参考。

一、我省建筑市场管理的现状和存在的问题

近年来，在省住建厅和各级建设行政主管部门的不断努力下，我省建筑市场管理日益严格和规范，法规体系也基本趋于完备。建设工程招投标活动的主要环节都实现了有法可依、有章可循，监管机构和交易中心建设日趋完善。工程质量和现场安全得到有力的保证，我省建筑业正在快速、健康地发展。同时，我省建筑市场也存在着一些问题，影响着行业的发展，尤其是影响着本省企业的做大做强。

一是市场供大于求，外来企业数量庞大，本省建筑企业面临着过多的竞争压力。目前我省建筑市场上，房屋建筑特级资质的外来施工企业 70 余家，本省仅有陕建总公司 1 家；房屋建筑壹级资质的外来施工企业 400 余家，本省不足 200 家。由于在工程招标中，40 层以上超高层项目、20 万平方米以上群体项目需要特级资质才能够投标，大部分高、大体量的项目都落入外来企业囊中。

二是部分外来企业没有实际现场管理力量，在市场上围标卖标、转包挂靠，严重扰乱了我省建筑市场秩序。中央及外省入陕建

（写于 2014 年 6 月 9 日，时任陕西省人民政府参事）

筑企业绝大多数是以分支机构的形式存在，虽说资质等级高，但一些企业实际在陕的管理和技术人员非常少，经营过程中存在名不副实情况；大部分企业入陕注册时所填报的建造师和现场管理人员到岗率较低，实际上也不带队伍，导致挂靠、转包现象比较普遍；部分并没有实际管理、技术力量，没有施工队伍的空壳企业，甚至以围标卖标作为自己的"主业"。这些企业的不良行为，严重扰乱了我省建筑市场的秩序，也较大地影响到我省建筑业的健康发展。

三是在供大于求的市场竞争中我省建筑企业结构调整与转型升级遇到了一定的困难。发展和做强建筑业，首先应该是发展和做强本省的建筑企业，但是目前的情况是：从资质上比，陕西仅有一家特级企业，势单力薄；从企业经营结构上比，本省企业很难进入到诸如地铁、水利、化工建设等领域；从外向经营上比，由于外省特殊的政策，出省企业的经营规模受到很大的限制。当然这里有企业自身的因素，但客观条件和政策的支持的确也是重要的原因。

二、几点建议

外省，尤其是建筑行业发达的省份在政策层面有许多值得借鉴的经验，结合我省的实际，建议如下：

1. 创造条件，支持本省建筑企业加快转型升级

明确目标和责任，尽快在本省企业中培植3～5户特级企业，形成强有力的市场竞争主体；尽快出台建筑业现代化的有关政策，支持陕西建工集团和西安建工集团在建筑产业化的园区建设、保障房装配式施工试点等方面优先发展；在市场准入上为本省大型企业进入城市地铁轻轨建设、城市基础建设、水利公路建设等领域创造条件。通过数年的努力，使我省建筑企业在市场占有比例上有较大的提升，在绿色文明施工、经营结构调整和企业转型升级上走在全国的前列。

2. 建议将诚信评价体系和信用信息平台建设工作与建筑市场监管、招投标监管工作紧密结合起来，发挥应有的作用

北京、重庆、广东、福建等省（市），根据建筑企业在本省（市）的施工规模、纳税情况、获奖情况、受处罚情况进行综合评价打分，在工程招投标评分中，该项得分占 10％或更高分值；青海、宁夏、天津、山东等省（市、区），根据建筑企业在本省（市、区）的施工业绩、奖罚情况，对建筑企业进行动态分级考核，考核不合格不得参与工程投标，两年内在当地没有中标项目须退出当地市场。

我省建筑行业诚信评价体系和信用信息平台建设工作正在紧锣密鼓地实施中，该项工作能否与市场监管、招投标制度紧密联结、发挥应有的作用，是各方关注的重点，以上做法也值得我省借鉴。

3. 建议适当提高入省注册门槛，加强对外来企业的监管力度

本省建筑企业在开拓外省市场时往往面临重重壁垒，步履艰辛。甘肃省规定入省注册必须将企业注册资金的 20％以现金形式转账验资；江西、辽宁规定入省备案时企业法定代表人必须到场签订诚信承诺书；江西、福建要求所有在建项目主要管理人员每月一次到建设行政主管部门指模打卡签到等。

外来建筑企业本来就开办成本很低，如果实际资质与施工力量不足，多以挂靠的方式经营，肯定会对我省建筑市场带来负面的影响，这也是一种不公平的竞争。希望住建厅能依法提高入省注册门槛，同时加强企业经营全过程的监管力度，整顿好我省建筑市场秩序，支持我省企业在公平、公正的环境中健康发展，加快转型升级。

以上建议供政府有关部门参考。

适应新常态　实现产业顺利转型

国家经济进入新常态后，建筑业发展呈现出新的特点：一是增速放慢，企业追求规模效益的时代已经结束，产业的供求矛盾将更加突出；二是行业无序竞争的局面开始扭转，市场回归理性，企业将面临诚信与严管新的考验；三是企业在转型中寻求新的经济增长点，商业模式与服务内涵将逐步发生变化；四是建筑人力成本持续增高，高素质的人才和劳务将成为市场上的稀缺资源。结合我省的实际，特对建筑业今后的发展提出以下建议：

1. 支持建筑企业转型发展

一是在新常态下，要引导企业将注意力转向自主创新，跟踪消费新动向，寻求建筑服务新的增长点：例如在基础设施建设中采取PPP或BOT的模式，提高资源汲取与分配的效率；在旧城和房屋改造中提供便捷的维修改造、功能提升等新的服务项目；在项目建设中提供技术咨询与代建服务；加大到境外发展的步伐等。二是重视建筑物全寿命周期的管理研究。目前国家在建筑物资源管理中存在着诸多浪费，究其原因是不动产的管理体制存在着一定的问题。大型建筑企业要将经营的触角逐步伸向设计、维修、维护、运营、改造等多个环节，向社会提供更人性化的建筑产品，提供建筑物管理的增值服务，从而获取增值利润。三是在绿色建筑与施工中有所作为。绿色施工将考验企业新的技术进步，节能环保服务将提升企业新的竞争能力；四要从规模效益向质量效益转变，提供高品质的

（写于 2015 年 1 月 12 日，时任陕西省政府参事）

服务。目前好的工程质量只是表现在部分的优良产品上，仅以渗漏为例，50％以上的工程都不同程度地存在着这样的隐患。信誉企业的质量提升就是要提升全部产品的品质，提升所有工程细部的品质，相信社会最终会认可"优质优价"的原则。

2. 积极稳妥地推进建筑产业现代化

建筑部品的工厂化与装配化在我国的建筑历史上走过许多曲折的道路，也有过不少经验和教训。当前推进过程中的瓶颈主要是建造成本较高与消费需求不足。新常态下建筑产业的现代化要重视三个问题：一是消费需求。靠政府行政命令是暂时的，市场决定资源的配置，也决定装配房的需求量。要注重市场和消费心理分析，初期阶段政府应引导大众进入新的住房选择，并在政策上提供更便捷和更环保的装配楼房，以形成新的消费吸引；二是市场主体。大型企业要看准未来建筑业发展的走势，主动走设计、加工、装配施工一体化的道路。要从企业实际出发，依据效率与效益的原则，安排好工厂部品生产量与现场施工的比例，逐步体现出竞争的优势；三是稳步推进。建筑业的现代化是一个长期的任务，部品工厂化加工技术与标准也才开始实践，尤其是市场的成熟还有较艰难的路程，因此要稳步推进，更要锲而不舍，切不可一哄而上，造成新的资源浪费。

3. 加快诚信体系建设，营造规范的建筑市场

市场上滥收保证金的问题给施工企业带来了危害，但同时也说明施工行业在社会上还是存在着某种信用缺失。在经济新常态下，市场秩序要靠严格的监管，更要靠市场主体的信誉重塑。建筑市场供大于求的背后存在着严重的无序竞争与资源浪费。从政府的层面应尽快实施新的招标办法，还招标权于建设单位，保证市场的公开透明，逐步消除寻租现象的干扰和交易成本过高；从企业层面要主动规范主体的行为，营造诚信经营的形象。诚信经营也是一种竞争力，未来企业在提供新的增值服务中提高信誉的空间很大，同时行业诚信体系的建立还可以大大降低企业经营的风险。

4. 分类指导建筑企业产权体制的改革

我省建筑业改革走过了三十多年的路程。不少国有地方建筑企业改造为多元化的民营企业，相当一部分目前都运营良好。省属大型施工企业改革实际走的是一条比较艰难的道路，经过了减员分流、清还债务等阵痛后，目前在市场上也具备了较强的竞争能力。按照三中全会的精神，企业还是走混合所有制的路子为好，而且允许混合所有制经济实行员工持股，这是一个很好的机遇。企业改革的目的是创新机制与长远发展，项目股份制可以探索，但不是企业体制改革的主要内容。国有企业改制要从实际出发，让经营者为主体的管理层持有较多的企业股权，对企业的长远发展较为有利。我省民营企业改制要着眼于长远发展，跳出小圈子，在双赢互利的基础上走联合与重组的路子。另外，要充分利用我省建筑科技力量雄厚的特点，动员产、学、研通过不同形式的股权合作，在产业现代化与绿色施工上有所作为，实现产业的转型升级。

5. 加快建筑产业工人队伍的建设

在新常态下，建筑劳动生产力具有的特点是：优良的劳务力量将成为稀缺资源；劳动力需求的高技术、高素质、高工资；企业需要稳定的劳务队伍。作为进城务工人员，建筑业进城务工人员在追求市民化和生活保障的同时还需要有工作与事业的归属，有稳定的就业。大型企业要从资源配置的战略高度看待产业工人队伍建设的问题，谁拥有了相对稳定、优良的劳务队伍，谁就拥有了新的市场竞争能力。将建筑业进城务工人员组织起来，进行必要的培训，让其在一个企业相对稳定的工作，对政府和企业是一个一举两得的好事。

6. 做好营改增的准备工作

今年，国家将在建筑等领域推行营改增的税改工作。这对于企业加强管理是一件好事情，但在目前并不规范的建筑市场环境下，对企业又是一个严峻的挑战。政府要动员各类建筑企业，尽快从自身管理做起，加强对分包的规范与约束；同时，要对各类分包商，尤其是地材供应等低端分包市场提出逐步规范的要求，加强法人的行为管理，以形成良好的市场秩序。

以上建议谨供领导参考。

终身的事业　简单的幸福

——访中国建筑业协会副会长、陕西省人民政府参事、陕西省土木建筑学会理事长李里丁

有这样一些人，他们一生只干一件事，那就是将干建筑作为终身的事业，默默无闻又无怨无悔。李里丁便是其中一员。在与李里丁的接触、交流、探讨中，笔者发现他对自己的劳碌奔波乐此不疲，而在那侃侃而谈中，他眼中的光芒分外夺目，笔者想，那应该是由他简单幸福的建筑人生幻化而成的。

责任不同　追求未变

从建筑企业里的一名普通工人到陕西建工集团总公司（以下简称"陕西建工"）总经理，李里丁的大半生都与企业相连、与建筑为伍。他说他的心里装的都是企业的事情，想的都是怎样给企业创效益、为员工谋福利。简言之，他考虑的是企业的发展问题，肩负的是经济责任。

自2011年8月从总经理职务上卸任以后，他的工作重心从企业经营工作转移到了调查研究方面，工作职责也由经济责任转换成社会责任。这种转变没有带给李里丁太多的不适，他反而有了更多的时间和精力做更深、更广的研究，进而思考、整理、总结、呼吁攸关建筑业与建筑企业整体发展的问题与对策，践行其服务社会与行业的工作职责和人生宗旨。

（中国建设报记者　查炎平采访）

作为陕西省政府参事，上任伊始，李里丁即根据多年来在业界的所思所想及所为，写了一份《陕西省建筑业发展建议书》并上呈陕西省政府，详尽论述了陕西建筑业面临的机遇与挑战、发展与工作重点等等。2012 年 3～7 月，他又用了 4 个多月的时间，走访了陕南、陕北、关中的 10 多个县，重点调研了在保障房建设与城镇化建设方面突出的问题，比如保障房的资金到位和按期使用问题，这不仅影响到党的惠民政策能否落实，还影响到建筑业工程款能否按时交付、建筑业进城务工人员工资能否按时发放等问题，对社会与建筑业的发展影响重大。

作为陕西省土木建筑学会的理事长，李里丁负责重点推进理事会在学术交流、技术推广、宣传培训方面的工作。比如不久前他邀请了日本专家来陕西进行关于绿色建筑的施工、设计、概念等方面的交流，邀请中国工程院的院士来陕西作了关于民居工程的节能环保的演讲等。目前，他正在积极筹备召开中西部地区文明施工交流会及申办陕西土木建筑科技进步奖。

另外作为全国和陕西省建筑业协会的副会长，他还通过组织、主持一些调研活动，研究关于建筑劳务、建筑业价格和利润率、建筑业招投标等方方面面的问题，并向上级主管部门建言献策。

尊重规律　居安思危

对于建筑业似乎并不景气的当前形势，李里丁认为并不需要太过惊惶失措，建筑业发展潜力与空间尚在，只是市场规律促使其进入到了平稳增长的阶段，这是一种必然。他说，建筑业在国家经济高速发展、固定资产投资持续增长的趋势下，形成了几十年来迅猛发展的态势。大家对这种增长速度与趋势已经习以为常，所以才会对于当前的"下滑"形势不习惯。

李里丁说，根据国家统计数据显示，2012 年 1～7 月，建筑业增长幅度为 19.6%，相较于前几年的 25%～30%，确实缩水不少。但常言说，垄断企业靠资源，建筑业靠形势。当前的形势是什么呢？是国家投资不可能永远高速增长下去。现在国家提出要健康、科学地发展，把保增长放在重要位置。与之相对，建筑业进入到平稳增长的时期是必然趋势。具体来说，现在建筑业的具体形势无非是对于商品房的限制力度较大，另外对高铁和高速公路的投资力度减弱了，但从另一方面来看，国家依然在大力发展城镇化建设，同时在"十二五"时期将保障房建设作为重中之重，从某种程度上替代了由于商品房建设不足引起的建筑业发展速度的下滑。

结合陕西建筑业的情况，李里丁认为除上述全国整体形势外，陕西建筑业还面临着其他一些机遇，最大的机遇是西部大开发过程中提出的"关天一体化"规划。他说，"关天一体化"所引起的城镇化建设已经进入关键时期。西安作为"关天一体化"的核心区域，将面临新的发展机遇。所以西安提出要建 1000 万人口的大都市，建筑业也将借此被拉动。另外，陕西建筑业最近几年也得到了一定的锻炼和发展，特别是在品牌建设、科技进步与文明工地建设方面。很多建筑企业、行业协会都到陕西来学习文明工地建设经验，这是陕西建筑业的强项。

"因为认识到行业起伏发展的正常规律，了解到我们还有这样的机遇，所以我们才更要努力提高企业自身的发展能力。机会永远是留给有准备的人的。"李里丁话锋一转，告诫企业要居安思危、珍惜当下、谋略未来。他提出建筑业的下一步在地铁、水利等工程项目上，在工程总承包、设计施工一体化以及 BT\BOT 等发展模式上可能会有较大发展空间，企业应该通过调整结构、提高技术研发能力、改变商业发展模式等措施练好内功，抓住机遇，继而迎来新的发展阶段。

走劳务产业化之路

"建筑业的发展还需要依托一个非常关键的因素：产业工人队伍的形成、壮大与发展。"李里丁说，"新生代建筑业进城务工人员出现了许多新的特点，他们有新的需求，建筑企业技术劳务人员的供不应求及人工费日益高涨是不争的事实，而且这种趋势会愈演愈烈，建筑工人将成为一种稀缺资源。一旦管理不当，将成为制约企业发展的瓶颈式要素。而企业应对的第一步则是要形成劳务产业化，组建起建筑业产业工人队伍。改变现在建筑工人队伍不规范、不被重视、无保险的状态，使其成为规范的、相对稳定并不断发展的队伍。这支队伍应该依附于建筑企业，成为企业队伍建设的重要组成部分。"

"解决这支队伍的建设问题，不仅仅是解决建筑企业高质量发展问题，更是解决国家二元结构的一个社会问题"，李里丁说。因此，他提出企业要内外合力，共同解决这一问题：1. 突出大型企业的依托和引领，推动劳务组织的专业化与附属化；2. 设立专门的管理机构，加强对劳务企业的约束和引导；3. 发挥行业协会、专业院校和大企业的作用，加强对工人队伍的培训；4. 强化对劳务企业的政策扶持，提高企业的运营效益；5. 建立劳务人员的社会保障机制，稳定产业工人队伍。

"总而言之，建筑工人要成为稳定的、长期的、有保障地为企业服务的人员，这样才能保证企业的健康快速发展。谁抓住了这一点，谁就抓住了下一步发展的稀有资源；抓不住这一点，企业就会面临人才缺失的危险。而且整个社会要对建筑工人有一个包容的态度，这不是建筑业一个产业的问题，而是一个社会发展的问题"，李里丁说。

后　记

到快要编辑付印的时候，再翻看本书的一些内容，总觉得新时代建筑业转型的题目太大，内涵很深，我的研究能力似乎还探不到其中的真谛，文字表达也显得肤浅，总之自觉有着许多的遗憾。

这本书在编辑的过程中得到了周定元、张纪芳、武威、李春敏、曾威等先生的许多帮助，在此特表示真诚的感谢。

去年11月7日是我的父亲李崇智先生诞辰100周年，父亲对于我们多是事业上的要求和专业成就上的期盼，我的这本书也是送给父亲一份深深的纪念。

本书将要付印之时，武汉发生了严重的新冠病毒肺炎疫情，且蔓延至全国各地。在此疫灾面前，国家组织，全民动员，数万医疗人员驰援湖北，进行了一场史无前例的防疫抗病阻击战。祈愿疫情尽早得以控制，祈愿数万患者都能痊愈，祈愿我中华国泰民安。

这本书的不足和疏漏之处还请读者多多指正。

2020 年 1 月 25 日